Dr. Puzzles

"Exercise your brain not your vision!"

SCIENCE AND SPACE
LARGE PRINT ACTIVITY BOOK FOR ADULTS

80 Large Print Word Scrambles & 20 Large Print Word Searches

What do you think of this puzzle book?

If you can spare a couple of minutes, we'd LOVE you to leave a review on Amazon! As a small family business, the comments and feedback you share help us to create the best books we can. This link will take you to the Amazon.com review page for this book:

drpuzzles.com/review23

Thank you from us all at Dr. Puzzles - you are the best!

COPYRIGHT © 2020 - DR. PUZZLES. ALL RIGHTS RESERVED.

THE PUZZLES!

Puzzle #1
SCIENCE AND SPACE

ESIBORTC _ _ _ _ _ _ _ _

LIOOUTSREN _ _ _ _ _ _ _ _ _ _

ECOSRSFIN _ _ _ _ _ _ _ _ _

NISROSTTAR _ _ _ _ _ _ _ _ _ _

NOINAOMDIT _ _ _ _ _ _ _ _ _ _

VTEEN _ _ _ _ _

GOYENX _ _ _ _ _ _

NTEREIEXPM _ _ _ _ _ _ _ _ _ _

TARSUN _ _ _ _ _ _

ANPS _ _ _ _

OBSLYM _ _ _ _ _ _

EARBAD _ _ _ _ _ _

Puzzle #2
SCIENCE AND SPACE

CMYURRE   _ _ _ _ _ _ _

UPTLE   _ _ _ _ _

UHRNC   _ _ _ _ _

AFOLR   _ _ _ _ _

YRGLO   _ _ _ _

SSAM   _ _ _ _

IAACTQU   _ _ _ _ _ _

GRPAROM   _ _ _ _ _ _ _

TRAULVI   _ _ _ _ _ _ _

EERNG   _ _ _ _ _

SCLEPTEOE   _ _ _ _ _ _ _ _ _

CRKOET   _ _ _ _ _ _

Puzzle #3
SCIENCE AND SPACE

ITEURSTD _ _ _ _ _ _ _ _

TRINOAOT _ _ _ _ _ _ _ _

UYRCCACA _ _ _ _ _ _ _ _

TMTNOIUA _ _ _ _ _ _ _ _

DPNOU _ _ _ _ _

ASCALR _ _ _ _ _ _

GXOHEAN _ _ _ _ _ _ _

SNPRIITE _ _ _ _ _ _ _ _

COIISRHT _ _ _ _ _ _ _ _

UYINIQR _ _ _ _ _ _ _

RIAP _ _ _ _

CAFTOR _ _ _ _ _ _

Puzzle #4
SCIENCE AND SPACE

LAAISTP   _ _ _ _ _ _ _

CURUMFL   _ _ _ _ _ _ _

EACMTGIN   _ _ _ _ _ _ _ _

UELNGJ   _ _ _ _ _ _

UALMPTIN   _ _ _ _ _ _ _ _

OFAURML   _ _ _ _ _ _ _

IEURSVEN   _ _ _ _ _ _ _ _

AGORN   _ _ _ _ _

CICSNEGEEO   _ _ _ _ _ _ _ _ _ _

RKWO   _ _ _ _

ESICENC   _ _ _ _ _ _ _

IACNOTLO   _ _ _ _ _ _ _ _

Puzzle #5
SCIENCE AND SPACE

TNE　　　　　　　　_ _ _

EHDONASI　　　　　_ _ _ _ _ _ _ _

YSK　　　　　　　　_ _ _

EVMETNMO　　　　　_ _ _ _ _ _ _ _

TSNAIR　　　　　　_ _ _ _ _ _

RSHAM　　　　　　　_ _ _ _ _

NAOAYLM　　　　　　_ _ _ _ _ _ _

OXBGYOILOE　　　　_ _ _ _ _ _ _ _ _ _

ISETANGMM　　　　　_ _ _ _ _ _ _ _ _

LLEVITOA　　　　　_ _ _ _ _ _ _ _

IATTNUMI　　　　　_ _ _ _ _ _ _ _

TSEAHPEMOR　　　　_ _ _ _ _ _ _ _ _ _

Puzzle #6
SCIENCE AND SPACE

RTBIO　　　　　　　　_ _ _ _ _

TIAIENDVO　　　　　_ _ _ _ _ _ _ _ _

ERLNKE　　　　　　 _ _ _ _ _ _

ANLZBGI　　　　　　_ _ _ _ _ _ _

RTOOTG　　　　　　_ _ _ _ _ _

ULEVMO　　　　　　_ _ _ _ _ _

SSPROCE　　　　　 _ _ _ _ _ _ _

HRGSSTBNIE　　　 _ _ _ _ _ _ _ _ _ _

ATTW　　　　　　　_ _ _ _

OCIAMT　　　　　　_ _ _ _ _ _

ROCE　　　　　　　_ _ _ _

NTYIU　　　　　　　_ _ _ _ _

Puzzle #7
SCIENCE AND SPACE

RHNIZOO   _ _ _ _ _ _ _

YATACTLS   _ _ _ _ _ _ _ _

AALBNEC   _ _ _ _ _ _ _

YMSTOANOR   _ _ _ _ _ _ _ _ _

VIEOONRCSN   _ _ _ _ _ _ _ _ _ _

IDVCENEE   _ _ _ _ _ _ _ _

CARNHB   _ _ _ _ _ _

SYALINAS   _ _ _ _ _ _ _ _

VAENCI   _ _ _ _ _ _

HIFGLT   _ _ _ _ _ _

YERIAVSP   _ _ _ _ _ _ _ _

TENESELM   _ _ _ _ _ _ _ _

Puzzle #8
SCIENCE AND SPACE

UCAMUV   _ _ _ _ _

YRAAVI   _ _ _ _ _ _

LODG   _ _ _ _

RETOU   _ _ _ _ _

YERROR   _ _ _ _ _ _

OSARRNPTT   _ _ _ _ _ _ _ _ _

NAUITQYT   _ _ _ _ _ _ _ _

REART   _ _ _ _ _

NORHO   _ _ _ _ _

WEOPR   _ _ _ _ _

ICDTIRNOE   _ _ _ _ _ _ _ _ _

SOTRTNAAU   _ _ _ _ _ _ _ _ _

Puzzle #9
SCIENCE AND SPACE

LREISAMN   _ _ _ _ _ _ _ _

RTCEAR   _ _ _ _ _ _

TIISNUVEYR   _ _ _ _ _ _ _ _ _ _

CCOMSIROM   _ _ _ _ _ _ _ _ _

NOAYPC   _ _ _ _ _ _

ICORCHN   _ _ _ _ _ _ _

HURTAEN   _ _ _ _ _ _ _

ESOSNRS   _ _ _ _ _ _ _

UEEXSOPR   _ _ _ _ _ _ _ _

ASDNEMPS   _ _ _ _ _ _ _ _

UMRHBOS   _ _ _ _ _ _ _

FIEL   _ _ _ _

Puzzle #10
SCIENCE AND SPACE

ILECITPC   _ _ _ _ _ _ _

EINRGOTECC   _ _ _ _ _ _ _ _ _

SEORNIINV   _ _ _ _ _ _ _ _

ETREIPL   _ _ _ _ _ _ _

SIOEOHNREP   _ _ _ _ _ _ _ _ _ _

TSVA   _ _ _ _

AURSNU   _ _ _ _ _ _

TRATEM   _ _ _ _ _ _

GNISRP   _ _ _ _ _ _

AFCE   _ _ _ _

IDTSNNAG   _ _ _ _ _ _ _ _

KCTAR   _ _ _ _ _

Puzzle #11
SCIENCE AND SPACE

ENOJRYU   _ _ _ _ _ _ _

AUFNA   _ _ _ _ _

ASLOR   _ _ _ _ _

LABGLO   _ _ _ _ _ _

IOLSOCNIL   _ _ _ _ _ _ _ _ _

SINOVI   _ _ _ _ _ _

ENLSEIT   _ _ _ _ _ _ _

LITANISY   _ _ _ _ _ _ _ _

COPSOOHRE   _ _ _ _ _ _ _ _ _

NMPHANOEE   _ _ _ _ _ _ _ _ _

PISLDICINE   _ _ _ _ _ _ _ _ _ _

CSESSCU   _ _ _ _ _ _ _

Puzzle #12
SCIENCE AND SPACE

ERLAS   _ _ _ _ _

IMCRYESHT   _ _ _ _ _ _ _ _ _

ONBSO   _ _ _ _ _

CAR   _ _ _

NOEPEIR   _ _ _ _ _ _ _

NEEIGN   _ _ _ _ _ _

ADRRAITEI   _ _ _ _ _ _ _ _ _

EYCCL   _ _ _ _ _

SCFOU   _ _ _ _ _

CSNREAOT   _ _ _ _ _ _ _ _

IHPNELAO   _ _ _ _ _ _ _ _

EARPNITOO   _ _ _ _ _ _ _ _ _

Puzzle #13
SCIENCE AND SPACE

PASECSBU   _ _ _ _ _ _ _ _

BILNSEVII   _ _ _ _ _ _ _ _ _

TEHREAW   _ _ _ _ _ _ _

JECTRE   _ _ _ _ _ _

NEMRIA   _ _ _ _ _ _

BCLPUI   _ _ _ _ _ _

DZOIAC   _ _ _ _ _ _

TPSHYSIEOH   _ _ _ _ _ _ _ _ _ _

ENMATG   _ _ _ _ _ _

IEDRSVE   _ _ _ _ _ _ _

SMAR   _ _ _ _

PCROPE   _ _ _ _ _ _

Puzzle #14
SCIENCE AND SPACE

YADNQRUA   _ _ _ _ _ _ _

HCEIN   _ _ _ _ _

ASPERI   _ _ _ _ _ _

RNSOET   _ _ _ _ _ _

IAMNDE   _ _ _ _ _ _

NATGNIIR   _ _ _ _ _ _ _

TADINST   _ _ _ _ _ _ _

UOALRNCD   _ _ _ _ _ _ _

LIEDSOSV   _ _ _ _ _ _ _ _

TGBLHI   _ _ _ _ _ _

UBEUETCRNL   _ _ _ _ _ _ _ _ _ _

NDCTNSAAE   _ _ _ _ _ _ _ _ _

Puzzle #15
SCIENCE AND SPACE

EVILAB   _ _ _ _ _ _

MINDGKO   _ _ _ _ _ _ _

NOSINEMDI   _ _ _ _ _ _ _ _ _

WVIE   _ _ _ _

SUFNIO   _ _ _ _ _ _

IAVST   _ _ _ _ _

EPRMOYHOTT   _ _ _ _ _ _ _ _ _ _

SEOTNREA   _ _ _ _ _ _ _ _

TIEKSNIC   _ _ _ _ _ _ _ _

DELARSPF   _ _ _ _ _ _ _ _

LEIVPNU   _ _ _ _ _ _ _

OWR   _ _ _

Puzzle #16
SCIENCE AND SPACE

LOCD   _ _ _ _

AEMTEHN   _ _ _ _ _ _ _

NAROBIRE   _ _ _ _ _ _ _ _

IRWLH   _ _ _ _ _

AELIYCTIST   _ _ _ _ _ _ _ _ _ _

MTIAMEDIE   _ _ _ _ _ _ _ _ _

IDAPTETU   _ _ _ _ _ _ _ _

QTNUMIPEE   _ _ _ _ _ _ _ _ _

ELAOFDEIT   _ _ _ _ _ _ _ _ _

SRYA   _ _ _ _

XETEREM   _ _ _ _ _ _ _

LCUSCUAL   _ _ _ _ _ _ _ _

Puzzle #17
SCIENCE AND SPACE

TIHCACRMOS   _ _ _ _ _ _ _ _ _

URTSECPM   _ _ _ _ _ _ _ _

SEECIPL   _ _ _ _ _ _ _

VOINDCEAT   _ _ _ _ _ _ _ _ _

EDADNOGOC   _ _ _ _ _ _ _ _ _

ODCRH   _ _ _ _ _

NYUFI   _ _ _ _ _

MPYRIAD   _ _ _ _ _ _ _

AVDRENT   _ _ _ _ _ _ _

LNIEOVTAE   _ _ _ _ _ _ _ _ _

OTSH   _ _ _ _

DGTUAAEJ   _ _ _ _ _ _ _ _

Puzzle #18
SCIENCE AND SPACE

BEVOBRSLEA   _ _ _ _ _ _ _ _ _

ADULMOTE   _ _ _ _ _ _ _

UTOEROVILN   _ _ _ _ _ _ _ _ _

SRVEERPE   _ _ _ _ _ _ _

NGIINNSP   _ _ _ _ _ _ _

SSNAERH   _ _ _ _ _ _ _

OLEP   _ _ _ _

ONMO   _ _ _ _

EUAILTTD   _ _ _ _ _ _ _ _

SMCLEELOU   _ _ _ _ _ _ _ _ _

RCOFE   _ _ _ _ _

YRBNAO   _ _ _ _ _ _

Puzzle #19
SCIENCE AND SPACE

OCNETRDI _ _ _ _ _ _ _ _

ARFALTC _ _ _ _ _ _ _

AALAXRPL _ _ _ _ _ _ _ _

ELLELA _ _ _ _ _ _

HGTOUR _ _ _ _ _ _

TEINIOVNN _ _ _ _ _ _ _ _ _

NOYRTPE _ _ _ _ _ _ _

HAERT _ _ _ _ _

CBUSSNTAE _ _ _ _ _ _ _ _ _

ERTNEEGA _ _ _ _ _ _ _ _

GDSIELDO _ _ _ _ _ _ _ _

ITMLI _ _ _ _ _

Puzzle #20
SCIENCE AND SPACE

IGLTH   _ _ _ _ _

LRMNAO   _ _ _ _ _ _

TAAIRDNIO   _ _ _ _ _ _ _ _ _

TNFRGAEM   _ _ _ _ _ _ _ _

TEOPOYRTP   _ _ _ _ _ _ _ _ _

UANTTEEAT   _ _ _ _ _ _ _ _ _

OTNREUNS   _ _ _ _ _ _ _ _

ISOSYMSBI   _ _ _ _ _ _ _ _ _

LRPAUS   _ _ _ _ _ _

IGDR   _ _ _ _

ISSOESNNPU   _ _ _ _ _ _ _ _ _ _

TOMOANFRI   _ _ _ _ _ _ _ _ _

Puzzle #21
SCIENCE AND SPACE

NTIUME   _ _ _ _ _ _

IAYPAR   _ _ _ _ _ _

USRACILN   _ _ _ _ _ _ _ _

ABLULEAV   _ _ _ _ _ _ _ _

EEDTYRSAN   _ _ _ _ _ _ _ _ _

EYLHAL   _ _ _ _ _ _

OROHCMEMSO   _ _ _ _ _ _ _ _ _ _

EISCPES   _ _ _ _ _ _ _

-YAXR   _ _ _ _ _

OULJE   _ _ _ _ _

RNUUTRE   _ _ _ _ _ _ _

EAUCTERR   _ _ _ _ _ _ _ _

Puzzle #22
SCIENCE AND SPACE

DTIE   _ _ _ _

CCERENIL   _ _ _ _ _ _ _ _

FRESLOOA   _ _ _ _ _ _ _ _

ANCORO   _ _ _ _ _ _

ATHP   _ _ _ _

ECNTADILI   _ _ _ _ _ _ _ _ _

RDAAZH   _ _ _ _ _ _

TESMCYOSE   _ _ _ _ _ _ _ _ _

ODYB   _ _ _ _

NCORATITTA   _ _ _ _ _ _ _ _ _ _

RRACUCLI   _ _ _ _ _ _ _ _

ODSLI   _ _ _ _ _

Puzzle #23
SCIENCE AND SPACE

OSMRST   _ _ _ _ _ _

NAOTIIAV   _ _ _ _ _ _ _ _

IUYSRCLADH   _ _ _ _ _ _ _ _ _ _

UMTIISLONY   _ _ _ _ _ _ _ _ _ _

IONODSRITT   _ _ _ _ _ _ _ _ _ _

VNEA   _ _ _ _

TALAUNR   _ _ _ _ _ _ _

HAEICMNCAL   _ _ _ _ _ _ _ _ _ _

ELUASNTB   _ _ _ _ _ _ _ _

ROEMTEIET   _ _ _ _ _ _ _ _ _

TIHHGE   _ _ _ _ _ _

PAIRCLTO   _ _ _ _ _ _ _ _

Puzzle #24
SCIENCE AND SPACE

ASAN _ _ _ _

GINAMRW _ _ _ _ _ _ _

OSTCRFEA _ _ _ _ _ _ _ _

OUINN _ _ _ _ _

YCOHLNOTGE _ _ _ _ _ _ _ _ _ _

IOEACRL _ _ _ _ _ _ _

LECLS _ _ _ _ _

SGOUSAE _ _ _ _ _ _ _

ADRTET _ _ _ _ _ _

EUNOSSITQ _ _ _ _ _ _ _ _ _

DRESOVZENU _ _ _ _ _ _ _ _ _ _

DSNOU _ _ _ _ _

Puzzle #25
SCIENCE AND SPACE

SNSIIOF   _ _ _ _ _ _ _

TNIRAEI   _ _ _ _ _ _ _

AQITNEUELV   _ _ _ _ _ _ _ _ _ _

KUHAETERQA   _ _ _ _ _ _ _ _ _ _

ROBASI   _ _ _ _ _ _

LOLAY   _ _ _ _ _

ICAMYDNS   _ _ _ _ _ _ _ _

YSGYYZ   _ _ _ _ _ _

FOTL   _ _ _ _

ICUER   _ _ _ _ _

UVSIR   _ _ _ _ _

TEPENNU   _ _ _ _ _ _ _

Puzzle #26
SCIENCE AND SPACE

SSIMOOS   _ _ _ _ _ _ _

ECOIITRPND   _ _ _ _ _ _ _ _ _

ONE   _ _ _

EDEENPECDN   _ _ _ _ _ _ _ _ _

IYDSTNE   _ _ _ _ _ _ _

OPOPINRRTO   _ _ _ _ _ _ _ _ _

LDECANA   _ _ _ _ _ _ _

AMNTUT   _ _ _ _ _

ENTV   _ _ _

NRFTEME   _ _ _ _ _ _ _

RETUONN   _ _ _ _ _ _ _

RSPOITNO   _ _ _ _ _ _ _ _

Puzzle #27
SCIENCE AND SPACE

SBEDOI   _ _ _ _ _ _

ICYTNIVI   _ _ _ _ _ _ _ _

RGEASILHYT   _ _ _ _ _ _ _ _ _ _

WEORTEPS   _ _ _ _ _ _ _ _

GTRLNEEAC   _ _ _ _ _ _ _ _ _

IATGA   _ _ _ _ _

FTEBFU   _ _ _ _ _ _

PIBTANOSOR   _ _ _ _ _ _ _ _ _ _

LUESP   _ _ _ _ _

AGYOEV   _ _ _ _ _ _

MLUNCO   _ _ _ _ _ _

BUEC   _ _ _ _

Puzzle #28
SCIENCE AND SPACE

IDPUALMTE   _ _ _ _ _ _ _ _

EMOPHNNOEN   _ _ _ _ _ _ _ _ _

TELESATLI   _ _ _ _ _ _ _ _

ETRERSIPOP   _ _ _ _ _ _ _ _ _

YOOMGLCSO   _ _ _ _ _ _ _ _

GICENNORCA   _ _ _ _ _ _ _ _ _

RETSUL   _ _ _ _ _ _

LDESI   _ _ _ _ _

MHAIBPINA   _ _ _ _ _ _ _ _

MEZYNE   _ _ _ _ _ _

ISNOC   _ _ _ _ _

NIMMOAA   _ _ _ _ _ _ _

Puzzle #29
SCIENCE AND SPACE

RAETRY   _ _ _ _ _ _

TEJRUPI   _ _ _ _ _ _ _

NNGTURI   _ _ _ _ _ _ _

ACSJRSIU   _ _ _ _ _ _ _ _

CENIKL   _ _ _ _ _ _

NNIAVOTE   _ _ _ _ _ _ _ _

LANPE   _ _ _ _ _

NSITESRCAE   _ _ _ _ _ _ _ _ _ _

OTRUEQ   _ _ _ _ _ _

ENICFICTIS   _ _ _ _ _ _ _ _ _ _

LUBENA   _ _ _ _ _ _

ICMHENACS   _ _ _ _ _ _ _ _ _

Puzzle #30
SCIENCE AND SPACE

MNAOEOTRSR _ _ _ _ _ _ _ _ _ _

RIXAMT _ _ _ _ _ _

AMRBU _ _ _ _ _

LLLAAIVU _ _ _ _ _ _ _ _

AEAPCRAC _ _ _ _ _ _ _ _

STMOONIUCB _ _ _ _ _ _ _ _ _ _

ENEPECDYND _ _ _ _ _ _ _ _ _ _

TCNINTIS _ _ _ _ _ _ _ _

SFULHORI _ _ _ _ _ _ _ _

DLPPEIA _ _ _ _ _ _ _

NOSMO _ _ _ _ _

NOPSAUVER _ _ _ _ _ _ _ _ _

Puzzle #31
SCIENCE AND SPACE

TSASR   _ _ _ _ _

COMIBSER   _ _ _ _ _ _ _ _

ISILTYRIMA   _ _ _ _ _ _ _ _ _

MOH   _ _ _

CDNEIERNO   _ _ _ _ _ _ _ _ _

EITCEJBVO   _ _ _ _ _ _ _ _ _

CIONEFATRR   _ _ _ _ _ _ _ _ _ _

EVRMEUAN   _ _ _ _ _ _ _ _

SCPU   _ _ _ _

ESSONIS   _ _ _ _ _ _ _

ORTYABALOR   _ _ _ _ _ _ _ _ _ _

LPDOEY   _ _ _ _ _ _

Puzzle #32
SCIENCE AND SPACE

TEEMRO　　　　　　_ _ _ _ _ _

OENGPATN　　　　　_ _ _ _ _ _ _ _

SMOORENH　　　　_ _ _ _ _ _ _ _

GEDE　　　　　　　_ _ _ _

IERTLKEOM　　　　_ _ _ _ _ _ _ _ _

IDKS　　　　　　　_ _ _ _

ERUOCS　　　　　　_ _ _ _ _ _

NTPI　　　　　　　_ _ _ _

EHARCSER　　　　　_ _ _ _ _ _ _ _

APNYELTAR　　　　_ _ _ _ _ _ _ _ _

STSASENSEM　　　　_ _ _ _ _ _ _ _ _ _

DLITUEAT　　　　　_ _ _ _ _ _ _ _

Puzzle #33
SCIENCE AND SPACE

IYLDE　　　　　_ _ _ _ _

TNOICNUF　　　_ _ _ _ _ _ _ _

VLOOEDAR　　　_ _ _ _ _ _ _ _

SOERUTYIMS　　_ _ _ _ _ _ _ _ _ _

EJOTECIPLR　　_ _ _ _ _ _ _ _ _ _

OSTLOFENW　　　_ _ _ _ _ _ _ _ _

EIBRFLAL　　　_ _ _ _ _ _ _ _

ACHOS　　　　　_ _ _ _ _

LTETHUS　　　　_ _ _ _ _ _ _

ANEHVSE　　　　_ _ _ _ _ _ _

TERXLAEN　　　_ _ _ _ _ _ _ _

TNUI　　　　　_ _ _ _

Puzzle #34
SCIENCE AND SPACE

RWEC _ _ _ _

BAPRNUEM _ _ _ _ _ _ _ _

SGRNI _ _ _ _ _

ANRDEGENDE _ _ _ _ _ _ _ _ _ _

OWTENN _ _ _ _ _ _

DEAMNIIR _ _ _ _ _ _ _ _

ISXNEETCE _ _ _ _ _ _ _ _ _

DCMAORMEN _ _ _ _ _ _ _ _ _

RASO _ _ _ _

HPDTE _ _ _ _ _

ETS _ _ _

UIPCSNCEOR _ _ _ _ _ _ _ _ _ _

Puzzle #35

SCIENCE AND SPACE

YRDOGHYOL _ _ _ _ _ _ _ _ _

ICEOSN _ _ _ _ _ _

PRSTUPO _ _ _ _ _ _ _

XERTEV _ _ _ _ _ _

PGEAESE _ _ _ _ _ _ _

IGNEDS _ _ _ _ _ _

EIDOPR _ _ _ _ _ _

IXOQNUE _ _ _ _ _ _ _

ISSAB _ _ _ _ _

LMETNA _ _ _ _ _ _

LEISRV _ _ _ _ _ _

ETCASN _ _ _ _ _ _

Puzzle #36
SCIENCE AND SPACE

LDOCU   _ _ _ _ _

EMUTMMON   _ _ _ _ _ _ _ _

UDLMORSD   _ _ _ _ _ _ _ _

ONOHTP   _ _ _ _ _ _

OIRTA   _ _ _ _ _

RBSSA   _ _ _ _ _

UPELLY   _ _ _ _ _ _

AHIMSLCEC   _ _ _ _ _ _ _ _

RATEENETP   _ _ _ _ _ _ _ _ _

WASPM   _ _ _ _ _

CYRLDUIAH   _ _ _ _ _ _ _ _ _

TGCOONA   _ _ _ _ _ _ _

Puzzle #37
SCIENCE AND SPACE

IPONSXNEA   _ _ _ _ _ _ _ _ _

RHTEWTWEAI   _ _ _ _ _ _ _ _ _ _

LPAOR   _ _ _ _ _

IPETEOCNR   _ _ _ _ _ _ _ _ _

IDRAAN   _ _ _ _ _ _

NSVUE   _ _ _ _ _

CARNIOET   _ _ _ _ _ _ _ _

UATIENOQ   _ _ _ _ _ _ _ _

DTSNURYI   _ _ _ _ _ _ _ _

EDNO   _ _ _ _

TEONICSNPI   _ _ _ _ _ _ _ _ _ _

ICTNCEOVNO   _ _ _ _ _ _ _ _ _ _

Puzzle #38
SCIENCE AND SPACE

TENAMIB   _ _ _ _ _ _ _

DNARI   _ _ _ _ _

SIOMSNI   _ _ _ _ _ _ _

MONEEISTL   _ _ _ _ _ _ _ _ _

EYCAD   _ _ _ _ _

OCRNTTOEIP   _ _ _ _ _ _ _ _ _

AORAUTITNS   _ _ _ _ _ _ _ _ _

CPBRDTOYU   _ _ _ _ _ _ _ _ _

ATMRLEH   _ _ _ _ _ _ _

OCUSATISC   _ _ _ _ _ _ _ _ _

RZHET   _ _ _ _ _

OOLRCTN   _ _ _ _ _ _ _

Puzzle #39
SCIENCE AND SPACE

PTRCESUM _ _ _ _ _ _ _ _

ELHLYA _ _ _ _ _ _

TSRE _ _ _ _

TSRESS _ _ _ _ _ _

PAVOR _ _ _ _ _

EPYRRTCTOMSE _ _ _ _ _ _ _ _ _ _ _

IMNCREHYA _ _ _ _ _ _ _ _ _

EAEIDTIMM _ _ _ _ _ _ _ _ _

TCONRLO _ _ _ _ _ _ _

SSIOOMS _ _ _ _ _ _ _

NGTIRNIA _ _ _ _ _ _ _ _

TNRTOIAO _ _ _ _ _ _ _ _

Puzzle #40
SCIENCE AND SPACE

ERBSPHEIO   _ _ _ _ _ _ _ _ _

DENDMO   _ _ _ _ _ _

OSSLCALO   _ _ _ _ _ _ _ _

NTPEOL   _ _ _ _ _ _

NADL RMOF   _ _ _ _ _ _ _ _

UQRTA   _ _ _ _ _

ISAYDLP   _ _ _ _ _ _ _

NOAK   _ _ _ _

LAGEN   _ _ _ _ _

RNUCTER   _ _ _ _ _ _ _

ESIELESRTW   _ _ _ _ _ _ _ _ _ _

UESMOUNR   _ _ _ _ _ _ _ _

Puzzle #41
SCIENCE AND SPACE

TELOMEGHRA   _ _ _ _ _ _ _ _ _ _

EVAOPLR   _ _ _ _ _ _ _

YEPT   _ _ _ _

NUDEED   _ _ _ _ _ _

IOPESOHTAS   _ _ _ _ _ _ _ _ _ _

ERHSPNLIEE   _ _ _ _ _ _ _ _ _ _

STEINSELA   _ _ _ _ _ _ _ _ _

EATH   _ _ _ _

ESNITON   _ _ _ _ _ _ _

PECAS   _ _ _ _ _

WTNEON   _ _ _ _ _ _

TINHRIE   _ _ _ _ _ _ _

Puzzle #42
SCIENCE AND SPACE

IDARESTO   _ _ _ _ _ _ _ _

LIFALEF-H   _ _ _ _ _ _ _ _ _

LSCASRTY   _ _ _ _ _ _ _ _

ERDCTETPO   _ _ _ _ _ _ _ _ _

OLDH   _ _ _ _

NELPPOTALR   _ _ _ _ _ _ _ _ _ _

AVEUL   _ _ _ _ _

HRPAYTO   _ _ _ _ _ _ _

ISEUTORM   _ _ _ _ _ _ _ _

NTEREC   _ _ _ _ _ _

LMAUNIISTO   _ _ _ _ _ _ _ _ _ _

TCROEV   _ _ _ _ _ _

Puzzle #43
SCIENCE AND SPACE

CICDAI   _ _ _ _ _ _

IARNIOTPT   _ _ _ _ _ _ _ _ _

GFAL   _ _ _ _

NEACO   _ _ _ _ _

ONRZEB   _ _ _ _ _ _

AROVP   _ _ _ _ _

PLYPA   _ _ _ _ _

EUSCUNL   _ _ _ _ _ _ _

IPS   _ _ _

LDWSETNA   _ _ _ _ _ _ _ _

LEOTGVA   _ _ _ _ _ _ _

MMGAA   _ _ _ _ _

Puzzle #44
SCIENCE AND SPACE

RGNLALEHEC   _ _ _ _ _ _ _ _ _ _

EUDRAVTEN   _ _ _ _ _ _ _ _ _

ICOASNGIT   _ _ _ _ _ _ _ _ _

ENSSAO   _ _ _ _ _ _

SPLETORA   _ _ _ _ _ _ _ _

TAILV   _ _ _ _ _

EGADNR   _ _ _ _ _ _

INSGETN   _ _ _ _ _ _ _

MNLTOEPCEM   _ _ _ _ _ _ _ _ _ _

NTELOSEDO   _ _ _ _ _ _ _ _ _

ALOD   _ _ _ _

ARQKU   _ _ _ _ _

Puzzle #45
SCIENCE AND SPACE

NEIUCELNF _ _ _ _ _ _ _ _ _

OEODSRDW _ _ _ _ _ _ _ _

ISEZ _ _ _ _

PESSTRUE _ _ _ _ _ _ _ _

QUUIEN _ _ _ _ _ _

SALW _ _ _ _

RSTRPMAOFE _ _ _ _ _ _ _ _ _ _

TQUES _ _ _ _ _

LROCTERFE _ _ _ _ _ _ _ _ _

IINGRO _ _ _ _ _ _

PCATES _ _ _ _ _ _

ECTFA _ _ _ _ _

Puzzle #46
SCIENCE AND SPACE

TDNMIUAEG   _ _ _ _ _ _ _ _ _

LUAVEOC   _ _ _ _ _ _ _

CILESTAPR   _ _ _ _ _ _ _ _ _

DSIUIQL   _ _ _ _ _ _ _

SNOESMII   _ _ _ _ _ _ _ _

UEEQNI   _ _ _ _ _ _

LOOC   _ _ _ _

ATYGDER   _ _ _ _ _ _ _

OANV   _ _ _ _

WRIATAT   _ _ _ _ _ _ _

ARDFA   _ _ _ _ _

TSSSRE   _ _ _ _ _ _

Puzzle #47
SCIENCE AND SPACE

ABIYRN   _ _ _ _ _ _

AGTROPPRHE   _ _ _ _ _ _ _ _ _ _

LASCS   _ _ _ _ _

MYYMSETR   _ _ _ _ _ _ _ _

UONOTILEV   _ _ _ _ _ _ _ _ _

RPOATCCIA   _ _ _ _ _ _ _ _ _

CTETNIVAF   _ _ _ _ _ _ _ _ _

OSIMELKERT   _ _ _ _ _ _ _ _ _ _

EPAOUQ   _ _ _ _ _ _

WORDC   _ _ _ _ _

TSDU   _ _ _ _

ILFT   _ _ _ _

Puzzle #48
SCIENCE AND SPACE

RAEA   _ _ _ _

OEEAGP   _ _ _ _ _ _

TEINLBEVAI   _ _ _ _ _ _ _ _ _ _

AAQSUR   _ _ _ _ _ _

RGANUAL   _ _ _ _ _ _ _

SOEPT   _ _ _ _ _

ETRVPDUIOC   _ _ _ _ _ _ _ _ _

MRAG   _ _ _ _

SAELIORTT   _ _ _ _ _ _ _ _ _

NIETGAN   _ _ _ _ _ _ _

SIXA   _ _ _ _

VEOLNTS   _ _ _ _ _ _ _

Puzzle #49
SCIENCE AND SPACE

OIERCNTFLE   _ _ _ _ _ _ _ _ _

PDANTAIOTA   _ _ _ _ _ _ _ _ _ _

IPONSISTO   _ _ _ _ _ _ _ _ _

IGRBETL   _ _ _ _ _ _ _

LUDBOE   _ _ _ _ _ _

TPANOORTNI   _ _ _ _ _ _ _ _ _ _

NTELPA   _ _ _ _ _ _

IVSLEIB   _ _ _ _ _ _ _

ERAC   _ _ _ _

RTUNNOEI   _ _ _ _ _ _ _ _

ETCBOSJ   _ _ _ _ _ _ _

LYAHEIN   _ _ _ _ _ _ _

Puzzle #50
SCIENCE AND SPACE

NTIXO　　　　　　　_ _ _ _ _

NEIEVLOC　　　　　_ _ _ _ _ _ _ _

NSCCITEOT　　　　_ _ _ _ _ _ _ _ _

UARLCNE　　　　　_ _ _ _ _ _ _

CPHIT　　　　　　 _ _ _ _ _

AISISTTCST　　　　_ _ _ _ _ _ _ _ _ _

ERERDATNUW　　 _ _ _ _ _ _ _ _ _ _

ADLE　　　　　　 _ _ _ _

HEDKOC　　　　　_ _ _ _ _ _

NOEZ　　　　　　 _ _ _ _

EONZO　　　　　　_ _ _ _ _

EEPDS　　　　　　_ _ _ _ _

Puzzle #51
SCIENCE AND SPACE

UCYNBAYO   _ _ _ _ _ _ _ _

NIAGR   _ _ _ _ _

SVIIYTCOS   _ _ _ _ _ _ _ _ _

OLPOYNG   _ _ _ _ _ _ _

SICITVTA   _ _ _ _ _ _ _ _

MEISSIC   _ _ _ _ _ _ _

OIAGDALN   _ _ _ _ _ _ _ _

MOLUBOC   _ _ _ _ _ _ _

TEYTIDIN   _ _ _ _ _ _ _ _

AAILVEGNB   _ _ _ _ _ _ _ _ _

BELBRU   _ _ _ _ _ _

TIOESPO   _ _ _ _ _ _ _

Puzzle #52
SCIENCE AND SPACE

RECLIC _ _ _ _ _ _

LOOAPIPUNT _ _ _ _ _ _ _ _ _ _

RFAGEO _ _ _ _ _ _

URQYRA _ _ _ _ _ _

CIAD _ _ _ _

YVIRETA _ _ _ _ _ _ _

RTIFPYE _ _ _ _ _ _ _

ITCGASR _ _ _ _ _ _ _

YIC _ _ _

GLE _ _ _

ITDARMYXE _ _ _ _ _ _ _ _ _

TILEDU _ _ _ _ _ _

Puzzle #53
SCIENCE AND SPACE

TZGOYE   _ _ _ _ _ _

TIDRF   _ _ _ _ _

TSRE   _ _ _ _

SFHTDEIR   _ _ _ _ _ _ _ _

MLNUUOSI   _ _ _ _ _ _ _ _

HICNA   _ _ _ _ _

RIMPS   _ _ _ _ _

TQANAU   _ _ _ _ _ _

ABESS   _ _ _ _ _

IOBSSAI   _ _ _ _ _ _ _

ESPRHE   _ _ _ _ _ _

LEMENTE   _ _ _ _ _ _ _

Puzzle #54
SCIENCE AND SPACE

GOCUNRENEC   _ _ _ _ _ _ _ _ _

ENKTILW   _ _ _ _ _ _ _

CAPOESRAE   _ _ _ _ _ _ _ _

RAEM   _ _ _ _

LESTE   _ _ _ _ _

IGXWAN   _ _ _ _ _ _

GNUSINDIEO   _ _ _ _ _ _ _ _ _

ABTE   _ _ _ _

LUOOSPRPIN   _ _ _ _ _ _ _ _ _

UERTSIOV   _ _ _ _ _ _ _ _

IWLSGNIR   _ _ _ _ _ _ _ _

OMTONECPN   _ _ _ _ _ _ _ _

Puzzle #55
SCIENCE AND SPACE

IMOSABUTC   _ _ _ _ _ _ _ _ _

ICPOTS   _ _ _ _ _ _

TSNCIISTE   _ _ _ _ _ _ _ _ _

DUTMHIIY   _ _ _ _ _ _ _ _

SKORC   _ _ _ _ _

ESSLYIOMGO   _ _ _ _ _ _ _ _ _ _

RMEEMB   _ _ _ _ _ _

SOPTNI   _ _ _ _ _ _

YAELCG   _ _ _ _ _ _

SIEIOSM   _ _ _ _ _ _ _

DPMIIOTN   _ _ _ _ _ _ _ _

ENIL   _ _ _ _

Puzzle #56
SCIENCE AND SPACE

NINEETIS _ _ _ _ _ _ _ _

DIRCYENL _ _ _ _ _ _ _ _

EUQRSA _ _ _ _ _ _

SFSOIL _ _ _ _ _ _

PMA _ _ _

TAGVOANIIN _ _ _ _ _ _ _ _ _ _

CLNUHA _ _ _ _ _

ULMLCOEE _ _ _ _ _ _ _ _

MOEBI _ _ _ _ _

GENRTIYTI _ _ _ _ _ _ _ _ _

LPSMYATOC _ _ _ _ _ _ _ _ _

PTMEARTEE _ _ _ _ _ _ _ _ _

Puzzle #57
SCIENCE AND SPACE

EPICLATR   _ _ _ _ _ _ _ _

LTTTAIASCE   _ _ _ _ _ _ _ _ _ _

RBA   _ _ _

AGEOM   _ _ _ _ _

SDECTEN   _ _ _ _ _ _ _

DMELO   _ _ _ _ _

ENLCGEEGNI   _ _ _ _ _ _ _ _ _ _

NTTIOSJE   _ _ _ _ _ _ _ _

LGYOEOC   _ _ _ _ _ _ _

VMENROGA   _ _ _ _ _ _ _ _

TNOSSEIAN   _ _ _ _ _ _ _ _ _

PIREUK   _ _ _ _ _ _

Puzzle #58
SCIENCE AND SPACE

EELVL

_ _ _ _ _

IVAZEOPR

_ _ _ _ _ _ _ _

XENPASION

_ _ _ _ _ _ _ _ _

RASTAENBNURE

_ _ _ _ _ _ _ _ _ _ _ _

NSMOO

_ _ _ _ _

INGEDS

_ _ _ _ _ _

IONSESS

_ _ _ _ _ _ _

OUTYNVLRA

_ _ _ _ _ _ _ _ _

EBSA

_ _ _ _

OADL

_ _ _ _

LECCY

_ _ _ _ _

NIAITVOA

_ _ _ _ _ _ _ _

Puzzle #59
SCIENCE AND SPACE

NOCNITENOV _ _ _ _ _ _ _ _ _ _

PAIAYTCC _ _ _ _ _ _ _ _

UTNESTGN _ _ _ _ _ _ _ _

TKNO _ _ _ _

EOCITYVL _ _ _ _ _ _ _ _

BLESUOL _ _ _ _ _ _ _

RTASOMNIOF _ _ _ _ _ _ _ _ _ _

BDEELIC _ _ _ _ _ _ _

RMEAS _ _ _ _ _

GIMAE _ _ _ _ _

PETIRDO _ _ _ _ _ _ _

ELNIA _ _ _ _ _

Puzzle #60
SCIENCE AND SPACE

ODELCLI   _ _ _ _ _ _ _

RLNOATEITA   _ _ _ _ _ _ _ _ _ _

LODSUC   _ _ _ _ _ _

QAREUOT   _ _ _ _ _ _ _

RSIEHEMPHE   _ _ _ _ _ _ _ _ _ _

MCOISC   _ _ _ _ _ _

NRIO   _ _ _ _

NIDESTIOSC   _ _ _ _ _ _ _ _ _ _

IAOEZDN   _ _ _ _ _ _ _

ESUMIPL   _ _ _ _ _ _ _

ONPIT   _ _ _ _ _

NTEMIDES   _ _ _ _ _ _ _ _

Puzzle #61
SCIENCE AND SPACE

LVASNY _ _ _ _ _ _

VWAE _ _ _ _

LUDFI _ _ _ _ _

ATDCNDEESN _ _ _ _ _ _ _ _ _ _

ALYXAG _ _ _ _ _ _

GEEANVTI _ _ _ _ _ _ _ _

TUCNNCIDOO _ _ _ _ _ _ _ _ _ _

MPRLYOE _ _ _ _ _ _ _

NRARAIAG _ _ _ _ _ _ _ _

AMSLAP _ _ _ _ _ _

LEOM _ _ _ _

ALEZ _ _ _ _

Puzzle #62
SCIENCE AND SPACE

ECGORHAYOL   _ _ _ _ _ _ _ _ _ _

AUOCLSRTNI   _ _ _ _ _ _ _ _ _ _

VSOEYCRID   _ _ _ _ _ _ _ _ _

EEDRS   _ _ _ _ _

PNTUSSO   _ _ _ _ _ _ _

RGEDEE   _ _ _ _ _ _

ISDREPMIE   _ _ _ _ _ _ _ _ _

IOANIMRGT   _ _ _ _ _ _ _ _ _

SEONECRAN   _ _ _ _ _ _ _ _ _

RTOSNAITNI   _ _ _ _ _ _ _ _ _ _

LYCOCTNOR   _ _ _ _ _ _ _ _ _

LCIDSAEP   _ _ _ _ _ _ _ _

Puzzle #63
SCIENCE AND SPACE

LYEMX   _ _ _ _ _

PSHAE   _ _ _ _ _

MPEARE   _ _ _ _ _ _

AHLO   _ _ _ _

NSU   _ _ _

ADYR   _ _ _ _

CONUE   _ _ _ _ _

ADTCEERGIN   _ _ _ _ _ _ _ _ _ _

GNRETAE   _ _ _ _ _ _ _

GYNECA   _ _ _ _ _ _

GAERN   _ _ _ _ _

DOEEXNPIIT   _ _ _ _ _ _ _ _ _ _

Puzzle #64
SCIENCE AND SPACE

PCEUOL   _ _ _ _ _ _

ATOUNITN   _ _ _ _ _ _ _ _

IHNTZE   _ _ _ _ _ _

EPTSISOD   _ _ _ _ _ _ _ _

NHGMRAPOO   _ _ _ _ _ _ _ _ _

ECTSR   _ _ _ _ _

IVLAEOL   _ _ _ _ _ _

IISOPONT   _ _ _ _ _ _ _ _

MLARE   _ _ _ _ _

VUCRE   _ _ _ _ _

TECFFE   _ _ _ _ _ _

AEEICTSLL   _ _ _ _ _ _ _ _ _

Puzzle #65
SCIENCE AND SPACE

PGARH   _ _ _ _ _

ISAUMBOPRA   _ _ _ _ _ _ _ _ _ _

NLSUARTTE   _ _ _ _ _ _ _ _ _

LSAUUUN   _ _ _ _ _ _ _

LVBAIERA   _ _ _ _ _ _ _ _

NESAXTT   _ _ _ _ _ _ _

NECO   _ _ _ _

DHNGEYOR   _ _ _ _ _ _ _ _

HLRTEASM   _ _ _ _ _ _ _ _

TAMNQUU   _ _ _ _ _ _ _

RIEPMAT   _ _ _ _ _ _ _

OELERGA   _ _ _ _ _ _ _

Puzzle #66
SCIENCE AND SPACE

YSYNGRE   _ _ _ _ _ _ _

BTESELDIIG   _ _ _ _ _ _ _ _ _ _

EIML   _ _ _ _

ESIXAPCRE   _ _ _ _ _ _ _ _ _

DELOMU   _ _ _ _ _

LARAREBO   _ _ _ _ _ _ _ _

VLOENPEE   _ _ _ _ _ _ _ _

HERTAN   _ _ _ _ _ _

EESALRRV   _ _ _ _ _ _ _ _

AUESEMR   _ _ _ _ _ _ _

REHAGC   _ _ _ _ _ _

SRUEIN   _ _ _ _ _ _

Puzzle #67
SCIENCE AND SPACE

ETPRSFACCA   _ _ _ _ _ _ _ _ _ _

CERFSUA   _ _ _ _ _ _ _

TASR TDSU   _ _ _ _ _ _ _ _ _

ARDG   _ _ _ _

NIOIFDUFS   _ _ _ _ _ _ _ _

PSELILE   _ _ _ _ _ _ _

TURTRCSEU   _ _ _ _ _ _ _ _ _

ITUNE   _ _ _ _ _

CODENS   _ _ _ _ _ _

YEASUTR   _ _ _ _ _ _ _

MTAO   _ _ _ _

OREZ   _ _ _ _

Puzzle #68
SCIENCE AND SPACE

CSEIOHYPGS   _ _ _ _ _ _ _ _ _

IRUICCT   _ _ _ _ _ _ _

NBRU   _ _ _ _

OTMCE   _ _ _ _ _

VLUVAIRS   _ _ _ _ _ _ _ _

IFUGN   _ _ _ _ _

LICCUMA   _ _ _ _ _ _ _

IPIPALNCR   _ _ _ _ _ _ _ _ _

FTHSI   _ _ _ _ _

YHSTSENIS   _ _ _ _ _ _ _ _ _

ONSEPHUETY   _ _ _ _ _ _ _ _ _ _

NEMALINIL   _ _ _ _ _ _ _ _ _

Puzzle #69
SCIENCE AND SPACE

ULAONRTYV   _ _ _ _ _ _ _ _ _

UFNRFO   _ _ _ _ _ _

PONSOIXLE   _ _ _ _ _ _ _ _ _

RPACAYILL   _ _ _ _ _ _ _ _ _

HCEOP   _ _ _ _ _

OINSROE   _ _ _ _ _ _ _

YNFIGL   _ _ _ _ _ _

YSDUT   _ _ _ _ _

YRA   _ _ _

IAMLMUUN   _ _ _ _ _ _ _ _

IAERPOVZ   _ _ _ _ _ _ _ _

QAFEIRU   _ _ _ _ _ _ _

Puzzle #70
SCIENCE AND SPACE

JRECTYRTAO   _ _ _ _ _ _ _ _ _ _

ESBA   _ _ _ _

TUILSUSM   _ _ _ _ _ _ _

OILUNLBES   _ _ _ _ _ _ _ _

ASRIENOTFR   _ _ _ _ _ _ _ _ _ _

MANGINTEL   _ _ _ _ _ _ _ _ _

VOIENLUT   _ _ _ _ _ _ _ _

TICNTRAE   _ _ _ _ _ _ _ _

AELGEU   _ _ _ _ _ _

ODAMLNIF   _ _ _ _ _ _ _ _

OERBP   _ _ _ _ _

NGEITI   _ _ _ _ _ _

Puzzle #71
SCIENCE AND SPACE

NTNCAOST   _ _ _ _ _ _ _ _

NALUR   _ _ _ _ _

TLSRLEA   _ _ _ _ _ _ _

NUTMACOSO   _ _ _ _ _ _ _ _ _

PCIOYAT   _ _ _ _ _ _ _

DOBYEN   _ _ _ _ _ _

NMOHOBLEIG   _ _ _ _ _ _ _ _ _ _

ADSSTIER   _ _ _ _ _ _ _ _

MITELCA   _ _ _ _ _ _ _

INERNEGE   _ _ _ _ _ _ _ _

BRCTOIO   _ _ _ _ _ _ _

OOADCTERT   _ _ _ _ _ _ _ _ _

Puzzle #72
SCIENCE AND SPACE

ERTME   _ _ _ _ _

LINRTOAA   _ _ _ _ _ _ _ _

ATRBICEA   _ _ _ _ _ _ _ _

LFOW   _ _ _ _

EITRCMS   _ _ _ _ _ _ _

EPXA   _ _ _ _

ILHVEEC   _ _ _ _ _ _ _

ENMA   _ _ _ _

EUNFERYQC   _ _ _ _ _ _ _ _ _

UASTPAAPR   _ _ _ _ _ _ _ _ _

DPRTAORE   _ _ _ _ _ _ _ _

EDIDO   _ _ _ _ _

Puzzle #73
SCIENCE AND SPACE

IAATHTB   _ _ _ _ _ _ _

ADAT   _ _ _ _

NIRFIOCT   _ _ _ _ _ _ _ _

OPTNRO   _ _ _ _ _ _

ILCSTEHAM   _ _ _ _ _ _ _ _ _

EDABOL   _ _ _ _ _ _

SBDONIIA   _ _ _ _ _ _ _ _

VEMRLA   _ _ _ _ _ _

GNTIJTU   _ _ _ _ _ _ _

OACNTLRNU   _ _ _ _ _ _ _ _ _

HRTEYO   _ _ _ _ _ _

CZNI   _ _ _ _

Puzzle #74
SCIENCE AND SPACE

OAETSLUB   _ _ _ _ _ _ _ _

OERVVEL   _ _ _ _ _ _ _

CTAIACLG   _ _ _ _ _ _ _ _

ASG   _ _ _

NCAEHGS   _ _ _ _ _ _ _

NIODMO   _ _ _ _ _ _

UBRTS   _ _ _ _ _

REEPIGE   _ _ _ _ _ _ _

SASCISAB   _ _ _ _ _ _ _ _

AFUTL   _ _ _ _ _

PMTCIA   _ _ _ _ _ _

INOOTM   _ _ _ _ _ _

Puzzle #75
SCIENCE AND SPACE

EITEMADR   _ _ _ _ _ _ _ _

ESATG   _ _ _ _ _

DUCPNMOO   _ _ _ _ _ _ _ _

SCBMUTO   _ _ _ _ _ _ _

IGDUE   _ _ _ _ _

CONTIA   _ _ _ _ _ _

VAIUNESLR   _ _ _ _ _ _ _ _ _

UOSLC   _ _ _ _ _

NAKR   _ _ _ _

TIARELVE   _ _ _ _ _ _ _ _

YNREH   _ _ _ _ _

RTAYVGI   _ _ _ _ _ _ _

Puzzle #76
SCIENCE AND SPACE

IGAORNMS   _ _ _ _ _ _ _

NRDASAB   _ _ _ _ _ _ _

MHZUATI   _ _ _ _ _ _ _

RLNUAID   _ _ _ _ _ _ _

AAGMM   _ _ _ _ _

RTLECOEN   _ _ _ _ _ _ _ _

FITOLFF   _ _ _ _ _ _ _

ACMLCHIE   _ _ _ _ _ _ _ _

TKEI   _ _ _ _

EOERCNYM   _ _ _ _ _ _ _ _

UEISFSR   _ _ _ _ _ _ _

EPSSRREU   _ _ _ _ _ _ _ _

Puzzle #77
SCIENCE AND SPACE

LFUX _ _ _ _

RNAHECIMY _ _ _ _ _ _ _ _ _

ASNEIDCT _ _ _ _ _ _ _ _

OCDUUSDEI _ _ _ _ _ _ _ _ _

ULNME _ _ _ _ _

PIOSNUELR _ _ _ _ _ _ _ _ _

TOMNEL _ _ _ _ _ _

DOHRNA _ _ _ _ _ _

YTESSM _ _ _ _ _ _

ORSOYEGCP _ _ _ _ _ _ _ _ _

LESTA _ _ _ _ _

IEOTSSCL _ _ _ _ _ _ _ _

Puzzle #78
SCIENCE AND SPACE

HTELLA   _ _ _ _ _ _

VEELL   _ _ _ _ _

NIOLHMTO   _ _ _ _ _ _ _ _

LOGILAE   _ _ _ _ _ _ _

OEBMRY   _ _ _ _ _ _

OYORKER   _ _ _ _ _ _ _

TVOL   _ _ _ _

CCIILRNE   _ _ _ _ _ _ _ _

ODSLIENO   _ _ _ _ _ _ _ _

IADGNMP   _ _ _ _ _ _ _

MNUIFRO   _ _ _ _ _ _ _

TULQAYI   _ _ _ _ _ _ _

Puzzle #79
SCIENCE AND SPACE

OFTO　　　　　　　　_ _ _ _

LERASPICH　　　　　_ _ _ _ _ _ _ _ _

ITRLVETAIY　　　　　_ _ _ _ _ _ _ _ _ _

MROF　　　　　　　_ _ _ _

TSUSEB　　　　　　_ _ _ _ _ _

REOHMC　　　　　　_ _ _ _ _ _

ASEHP　　　　　　　_ _ _ _ _

NIIINOGT　　　　　　_ _ _ _ _ _ _ _

ATAOYITSNR　　　　_ _ _ _ _ _ _ _ _ _

RGENYE　　　　　　_ _ _ _ _ _

HLIECAT　　　　　　_ _ _ _ _ _ _

ONIRCTDOAE　　　　_ _ _ _ _ _ _ _ _ _

Puzzle #80
SCIENCE AND SPACE

TANPRAPE   _ _ _ _ _ _ _

STCDAIENC   _ _ _ _ _ _ _ _ _

EFTCFA   _ _ _ _ _ _

CNVAILOC   _ _ _ _ _ _ _ _

NONKWUN   _ _ _ _ _ _ _

HGETIW   _ _ _ _ _ _

RTCTMEEENI   _ _ _ _ _ _ _ _ _ _

SRAIDU   _ _ _ _ _ _

NTAEBRIOAR   _ _ _ _ _ _ _ _ _ _

CLPSAA   _ _ _ _ _ _

YARPTI   _ _ _ _ _ _

LBUEHB   _ _ _ _ _ _

Puzzle #1

SCIENCE AND SPACE

```
V Y I N O I T U L O S S I D N
A T G E N D O C R I N E M A D
S N A D J U G A T E E X M E O
T Y O Q U A N T U M H I K C C
D C T I U E R O S N E T V F U
C V Z I T A A S O L A R N R M
R O U E V A T R O P H Y E A E
E R N E L I L I T U N J G G N
A T A V N U T L C H D O A M T
C V A S E I C C E S I T T E A
T W I R L R U E U T C V I N T
I B D Z E U S Q L D S O V T I
O K Y F L N P I E O N N E P O
N A I D I R E M O H M O O S N
H Y D R O L O G Y N Y S C C M
```

ANTHER
AQUATIC
ATROPHY
CONDUCTIVITY
CONSTELLATION
CONVERSION
CUSP
DISSOLUTION
ENDOCRINE
MERIDIAN
PULSAR
QUANTUM
SOLAR
TENSOR
TON
VAST

Puzzle #2
SCIENCE AND SPACE

```
O H T N E C S E D N U O S F S
E P O C S O R Y G R E T T A M
N O I T I N G I S A S T A R S
S G E X X D N N M U R C L U F
E O L C R E W W A C O O D L O
N H E D E N T R O P Y E F A Z
S A C Y I S E D Z H I I S V R
O A T I E A C O F E H N P A F
R N R M N T M D K N I V A S G
S D I U Q I L E I O S E R O S
G B C E L O P C T M T R T L I
E Z I D O N A A E E O S I V W
T L T O T T R G L N R I C E P
E W Y M M M E O W O I O L N C
K A T T Q E A N B N C N E T Q
```

AREA   GYROSCOPE   STARS
CREW   LAVA
DIAMETER   LIQUIDS
DODECAGON   MATTER
ELECTRICITY   NICHE
ENTROPY   PARTICLE
FORAGE   POLE
GASEOUS   SENSORS

Puzzle #3
SCIENCE AND SPACE

```
N F A H E M I S P H E R E T K
L P A M C T F L O W H L O Z M
S J K S B G U I Y R U R I A E
T N A T S I D L R T E Q I M T
Y T E S K Y P L O E I S O S R
E R R L P E C A F V B V A N I
X R A A B B K J R D N A A L C
P D E L E U D J E O N I L R S
E N I P L L A N R U I D L G
D E O O M I C O M B U S T N P
I P A D R A P U S P T S X N R
T T Y R E T R A N N I L A T I
I U X O A B N V C P I N O E S
O N Q A G J L E D O M D G V M
N E U T R O N A C S E A S O N
```

ALBEDO	EXPEDITION	NEUTRON
AMBIPAROUS	FLOW	PRISM
ARTERY	INSOLUBLE	SET
CAPILLARY	INVOLUTE	VOLT
COMBUST	LASER	
DAMPING	MAP	
DISTANT	MILE	
DIURNAL	MODEL	

Puzzle #4

SCIENCE AND SPACE

```
L M D N V N U H E N R Y B S R
A E P A H S O X E P O Y W W A
N S I M R E D I P E R R V M T
D R N Q S A V I T B P A D R I
F F C W Y L F E O A N Y I A O
O I L N O G A X E H N S K S H
R B V O T R A C K E E I U T E
M E D A W F L Y I N G U M R Z
R U D D L S N W P M R O N O H
K K W N O I T A R R E B A N D
O W Z D I H E O D R A H S O O
G L O B A L T N N S W C C M N
P M A W S R Y Z A E R O G E L
U K I N E T I C S W O R K R F
E S L U P M I L A H T E L A C
```

ABERRATION	GLOBAL	SHAPE
ALIEN	HADRON	SHARD
ASTRONOMER	HENRY	TRACK
CHEMICALS	HEXAGON	WORK
CORE	KINETICS	
CYLINDER	LAND FORM	
FLOWSTONE	LETHAL	
FLYING	RAYS	

Puzzle #5
SCIENCE AND SPACE

```
E U S X C O N V E N T I O N V
L R Y S J W M E C H A N I C S
O S U H C O M P O S I T I O N
F I A T E I U K A Z I C B N S
T N S I R M M R N T Y D U D P
I E T T H U O A N E H W F I R
G B R N E E G N E G V F T I
R V O S E T S E L Y Y I E I N
C V N D E M R P E O D U T O G
G O A D Y E S A I R B O R N E
T I U C R I C S D L G I R S A
L Z T L J F M R E Y C I N E S
N M E I O S I S T S J E W C A
Y T I D I M U H D L S B R T J
P H A Y R O B O T I C A P R U
```

ANTIGEN GREEN TETRAD
ASSESSMENT ICY URSINE
ASTRONAUT JOURNEY
CIRCUIT LOFT
COMPOSITION MECHANICS
CONVENTION MEIOSIS
COULOMB ROBOTIC
ECLIPSE SPRING

Puzzle #6

SCIENCE AND SPACE

```
D I S C R I M I N A N T I N U
Y R T S I M E H C K H E R T Z
R O E N O T O R P I T N A C Y
N J C T O N B H A L O F V O E
Z O T E E I U N C O M E T D W
J Y I N E M T L A N O G A I D
B A C T E R I A V I A R Y S S
S P O N U N G T C T D R A T M
O E M X A B O E N I U A B A U
A R M A O Y I P D E L P R N T
R I A H R N O R M R C P L C A
H O N Q C I I U T O E Z P E T
A D D A I N N U B N C E V A I
N I E T S N I E Q R O H D R O
F E R M E N T Q B E T C S S N
```

ANTIPROTON   CONTRIBUTION   REEDS
APPLICATION DEGREE   TUPLE
BACTERIA   DISTANCE   UNIT
BRANCH   EQUINOX
BUOYANCY   FERMENT
CENTIMETER   MARINE
CHEMISTRY   MUTATION
COMET   RADIAN

Puzzle #7

SCIENCE AND SPACE

```
S S E C O R P D D Q U A S A R
M F Y D M A R E G N L Y O S I
F Y A R A N C E S T O R R O N
T E K C O R R T F E N Y B L T
W J C E E N B O U I R M E U E
L T J N Z T O A S X U X R B G
J V N T M N S J I S N Q E L R
M U F E X L O C O R O N A E I
A P T R M W N R N T F D L K T
N A I T R E N I B A F G M S Y
G K Y D I S L O D G E M I W U
R T M R O N X P O S I T R O N
O V D I A M G A M D T S O H E
V Y G N O I T A R O P A V E V
E Y H A L F L I F E C X N P W
```

ABRADE   EVAPORATION   NORM
AQUIFER   FACET   POSITRON
BEYOND   FUSION   PROCESS
BOSON   HALFLIFE   QUASAR
CENTER   HOST
COMPLEMENT   INERTIA
CORONA   JUTTING
DISLODGE   MANGROVE

Puzzle #8

SCIENCE AND SPACE

```
D F R E S S E N T I A L S E T
T E E L B I T S E G I D R L Z
Q N K L Q U A A L U M R O F L
K L E O C S N O I T A M R O F
G C P R H R M V O Q C G E O Q
E C A P A C I T O R E H C G F
S C K B S P U C X H L L O R K
T A T M O S P H E R E I N R E
A H P E U T A A E Q S D E Z D
T E H T S I N R G N T P I H Z
I I A A F R C E B T I D O U I
O G S U Y I E L M N A G A S G
N H E A E H L V A E L E N E U
E T R A L U C R I C L X H E L
O P A Q U E T S U D B E N D R
```

APPARENT	ELEMENT	OPAQUE
ATMOSPHERE	ENGINE	PHASE
BRASS	FORMULA	TESLA
CAPACITOR	GAS	
CHORD	GUIDE	
CONE	HEAT	
DIVERSE	LEAD	
DUST	LIFT	

Puzzle #9

SCIENCE AND SPACE

```
E J M S T U D Y H G Q Z A G T
N M D I S C I P L I N E G R I
E A G O U T E R E P Y F R A N
R M E X E D U T I L P M A V T
G L O M U R A N U S G A R I E
Y A P S N I A T S U S N I T R
S T H R O I B D B N O V A A V
Y I Y G Y M I G R Y V D N T E
S T S M R H O S N E E Y C I N
T U I G L A S R E R V L W O I
E D C H H I I C H G U L O N N
M E S Y B W S N R C N T I M G
C O M P R E S S I O N A A S T
D L O F I N A M O I W U H S U
H Y D R O G E N Z F K D E C D
```

ABIOSIS	ENERGY	URANUS
AGRARIAN	FOSSIL	
AMPLITUDE	HYDROGEN	
ANGLE	OUTER	
APPLY	SATURN	
CHROMOSOME	SILVER	
CROWD	STUDY	
DISCIPLINE	SYSTEM	

Puzzle #10
SCIENCE AND SPACE

```
O E N V E T L B Y R I U Q N I
H H Z O D A O Y R B M E J X S
M D Y H I A C N A R O L F Y O
A E N A E T N O K Y A E Q K B
G P T U L N C G U M G V G D A
N E U S O I V N E S O A A I R
I N Z N I P N I U R T T I F M
T D V I X V M E R F L I B F I
U E E A S D I O M O N O C U S
D N E M U L E T C B N N B S S
E C E V I D E N C E R M D I I
L E G D E F O L I A T E E O O
G F I S S U R E T T K A O N N
V N O S I T T E J E V A W A T
T N I O P D I M E U G A E L L
```

ACOUSTICS	FISSURE	MAGNITUDE
ACTIVIST	FLORA	MISSION
BEAT	FUNCTION	OHM
COMPOUND	HYALINE	SIZE
DANGER	INQUIRY	
DIFFUSION	ISOBAR	
ELEVATION	KNOT	
EMBRYO	LEAGUE	

Puzzle #11
SCIENCE AND SPACE

```
E R H E R P E T O L O G I S T
D T U E D S T K H U A Y M G E
L P A B V E C N D C O E A D R
Y I R M B E C I A N N E G I R
L O Y J I L N I T T U U E S A
O N P A U L E T D P U O A P G
U E D X C E C N V U O M P L A
N E G I M C L A R B O R E A L
C R A S R F U T L E Z U P C A
E C R O F G Y R O T K I S E C
O A C C U M U L A T I O N M T
I N H E R I T M C C S T N C I
W E T A I D A R R I Y I U U C
H O R M O N E S O L I D R D S
J Q I D E N T I C A L Z J A E
```

ACCUMULATION   FORCE   LAUNCH
ACCURACY   GALACTIC   OUNCE
ARBOREAL   GRID   POUND
ARC   HERPETOLOGIST   SUN
ARISTOTLE   HORMONES   ZINC
AXIS   IDENTICAL
CLIMATE   IMAGE
DISPLACE   INHERIT

Puzzle #12

SCIENCE AND SPACE

```
N S E R E H P S I M E H K H A
E E N C C A P I L L A R Y I I
P A F O D A M P I N G A N N N
T S X R I C D P A M F U U S V
U O A L O T O C E R D A C O O
N N R L A A I M E R E W L L L
E M J P B N M D B N E S E U U
F E E G T E R B E U T A A B T
G I R T T A D U I P S R R L E
L R R U R N F O I P X T O E M
M E A E S I A L N D A E Z I Z
V S D V B A C T O I J R W N D
R O I O I A E S S W T Y O T Z
P C L R M T L M M I L E O U G
X P X T P I Y L N G D H S R S
```

ALBEDO	EXPEDITION	PRISM
AMBIPAROUS	FLOW	SET
ARTERY	INSOLUBLE	VOLT
CAPILLARY	INVOLUTE	
COMBUST	LASER	
DAMPING	MAP	
DISTANT	MILE	
DIURNAL	MODEL	

Puzzle #13

SCIENCE AND SPACE

```
O V L A N R E T X E L T T A W
P Y C H R O M E L A R U T A N
C A A L A D R T L S V S N I H
P O I N T L L D W E G N N A O
M J N A L V E O L I C N Y O R
I S E S B Y M D C U N T I A I
M N A L E S S A N T A K R R Z
O O T L B Q O U L A F C L O O
N B R E P B U L L U C I D E N
O S O A R O U E U U B E H E U
G I R G L A T H N T C E P S A
R D I A T O C Y D C E L N D N
A I G L W Y P T C N E P A S H
P A I L A G U F I R T N E C Q
H N N H U E Y C N E U Q E R F
```

ABSOLUTE	CONSEQUENCE	OBSIDIAN
ALVEOLI	CYTOPLASM	POINT
ASPECT	ELECTRON	SHIFT
CALCULUS	HUBBLE	TWINKLE
CANDELA	INTERACT	
CAULDRON	IONS	
CENTRIFUGAL	LUNAR	
CHROME	NEBULA	

Puzzle #14

SCIENCE AND SPACE

```
N O I T A V R E S N O C P P A
A T T R A C T I O N K T Z R D
S J J D T M N O I T A U Q E I
Q E P G T Y B P L A N E T D S
U M N V E Y T I C A P A C I A
A I B D N M C I E O E F G S P
R S U L U S E Y S N R M I S P
E S R L A S N N K N T N L E E
N I S K T C T C O K E E B C A
R O T C E S I B I I X D E T R
N N I R S B G M T D T W R I A
G A Z S B C R P E Q I C T O N
T U D O O T A D W H Q C A N C
S U R I V R D Q J H C J A T E
O E C U R I E L L I P S E O N
```

ACIDIC   CHEMICAL   PLANET
ACTION   CONSERVATION   SQUARE
AMBIENT   CURIE
ATTENUATE   DENSITY
ATTRACTION   DISAPPEARANCE
BURST   EMISSION
CAPACITY   EROSION
CENTIGRADE   GILBERT

Puzzle #15

SCIENCE AND SPACE

```
T J F A I T R E N I Y S B B T
E B C O R O N A F M N F U O Z
P V C L T E M E M I L H O S T
P O A P P E Z A M G L A A O G
O L I P N T K N N E A F E N T
S I N D O O R C O G L M L R C
I G T P I R I E O R R P R A L
T H E R Q S A S F R B O M O H
R T G O U A L T U I R B V O N
O Y R C A T B O I F U A H E C
N E I E S Z E R D O F Q Y U E
E A T S A L Y C A G N O A Z Q
L R Y S R J O L A D E C N R G
M S A R E T N E C F E K R U W
E F Z M L M D G N I T T U J R
```

ABRADE   EVAPORATION   MANGROVE
AQUIFER   FACET   NORM
BEYOND   FUSION   POSITRON
BOSON   HALFLIFE   PROCESS
CENTER   HOST   QUASAR
COMPLEMENT   INERTIA
CORONA   JUTTING
DISLODGE   LIGHTYEARS

Puzzle #16

SCIENCE AND SPACE

```
S S H B Y V W H C O P E I P P
R U E N N T I O T H D V N U A
A N C T O O I G R T R J V L S
S L O I N I I T N N I O E S C
C R I I N E T T N I F L N E A
E H E G T R M C S E T D T I L
N V R E N A E E I U D E I I C
D C L O N M R P V R B I O C A
A E O O M I E E O E F M N I T
N I V L S A G N L C I M O T A
T Q Y D O S T N T E G H G C L
A M M A G S I I E O C T C H Y
M A R V E L S D C C L C R A S
D E E P S C L A S S Z E A L T
L L I M I T X U L F R E W O P
```

ALIGNMENT   GAMMA   SPEED
CATALYST   IDENTITY   ZEAL
COLOSSAL   IGNITE
COPERNICUS   INVENTION
DRIFT   MARVEL
ENGINEER   PASCAL
EPOCH   PULSE
FRICTION   ROW

Puzzle #17

SCIENCE AND SPACE

```
W Q S W D P D A T A D F U O Z
D H V I E X P L O S I O N H P
N I G A G D A C O R B I T F U
B R O U G E L H Z G O W S O B
E Y U N O I L E H P A D U Q L
C C L B O R Z M I G N L R P I
I N N O L M T I W Y E T F G C
Y I O E C A P S O R E A A R O
O N N I U O Z T S I L K C O L
B M O C T R P I X E I U E T L
J T E M I C G P N R N O Q T I
E V V G E R E N E G E R M O S
C E K A A R C R O R G B A Y I
T N A C E S E L I C K Z K H O
S T Z L E B I C E D O U K M N
```

APHELION	DIRECTION	OMEGA
BLAZING	EXPLOSION	PUBLIC
BURN	FLAG	SURFACE
CEREMONY	GROTTO	TROUGH
COLLISION	INCIRCLE	
COPPER	LEG	
DATA	LINE	
DECIBEL	OBJECTS	

Puzzle #18

SCIENCE AND SPACE

```
R T E C P Q C K U Y T Z E R O
D M E P L R D O L D R U M S X
E B U C S L I C S A N O N X Y
Y I B O A E Y M I M U O L H G
I N N M B P I H A S O T C G E
N V D M F A S D P T S L R E N
T E A U U Q D Y O O E A O I S
E R M N K L L V G B R R R G V
R T P I Z X O D E O H O C U Y
A E N C H F U C E C L T L A J
C B E A L E P T O N T O P H V
T R S T L U A F V K U I C E C
I A S I R A B D N A S D O E D
O T P O S E T B U T M W E N N
N E R N O I T A M R O F D E L
```

ACRE	DOLDRUMS	SANDBAR
APOGEE	ECOLOGY	SECOND
BODIES	FAULT	ZERO
CHLOROPHYLL	FORMATION	
COMMUNICATION	INTERACTION	
COSMOLOGY	INVERTEBRATE	
DENUDE	OXYGEN	
DEPTH	PRIMATE	

Puzzle #19
SCIENCE AND SPACE

```
D T E L U D O M N O I S S I F
I N O I T R O T S I D L O H M
N N P C I T P I L C E X E L O
S I O N C D M O P A C I T Y C
T L L O O E E L C R I C N E T
R L L I M D B P N D T A I G A
U U I R B E C N E I C S O E G
M M N O I T C U D N O C P T O
E I A N N R A N K A D E A A N
N N T X A X M E G L T E H A N
T A I Z T E M A A I F U N G I
S T O S I S O E H T O P A C B
K I N C O K N R C Y O P J R Y
L O F L N C I S E D I M E N T
R N Y O L L A R E P I U K O W
```

ALLOY
AMMONIA
ATOM
CARDINALITY
CONDUCTION
COSINE
DEPENDENCY
DISTORTION
FUNGI
GEOSCIENCE
HOLD
INSTRUMENTS
IRON
MODULE
MOON
OCTAGON
RANK
SEDIMENT

Puzzle #20

SCIENCE AND SPACE

```
S T A G E D E S C E N D A N T
E C N E U L F N I Z R R I I M
E L T N A M S C I S N E R O F
N K H O R O S C O P E A M N J
A R C H E O L O G Y S G E O Q
P D B A A T C H A R G E R S I
H T V G G E E N A N B N C P N
O O G E O B R R O B E T U H V
T X X N N W D T A I I T R E E
O I I C I T N N P N T T Y R R
N N G Y S V U R O O U A A E S
F R A C T A L R U M I L C T E
R O E L I L A G E H D D S O D
H H N L C A R A P A C E W I L
S Y L V A N O I T C E V N O C
```

AGONISTIC   FRACTAL   REAGENT
ARCHEOLOGY   HABITAT   SYLVAN
CARAPACE   INFLUENCE
CHARGE   INVERSE
CHURN   LOCATION
DIOPTRE   MANTLE
EDMOND   NET
FORENSICS   PHOTON

THE SOLUTIONS!

Puzzle #1
SCIENCE AND SPACE

ESIBORTC	=	BISECTOR
LIOOUTSREN	=	RESOLUTION
ECOSRSFIN	=	FORENSICS
NISROSTTAR	=	TRANSISTOR
NOINAOMDIT	=	DOMINATION
VTEEN	=	EVENT
GOYENX	=	OXYGEN
NTEREIEXPM	=	EXPERIMENT
TARSUN	=	SATURN
ANPS	=	SPAN
OBSLYM	=	SYMBOL
EARBAD	=	ABRADE

Puzzle #2
SCIENCE AND SPACE

CMYURRE	=	MERCURY
UPTLE	=	TUPLE
UHRNC	=	CHURN
AFOLR	=	FLORA
YRGLO	=	GLORY
SSAM	=	MASS
IAACTQU	=	AQUATIC
GRPAROM	=	PROGRAM
TRAULVI	=	VIRTUAL
EERNG	=	GREEN
SCLEPTEOE	=	TELESCOPE
CRKOET	=	ROCKET

Puzzle #3
SCIENCE AND SPACE

ITEURSTD	=	DETRITUS
TRINOAOT	=	ROTATION
UYRCCACA	=	ACCURACY
TMTNOIUA	=	MUTATION
DPNOU	=	POUND
ASCALR	=	SCALAR
GXOHEAN	=	HEXAGON
SNPRIITE	=	PRISTINE
COIISRHT	=	HISTORIC
UYINIQR	=	INQUIRY
RIAP	=	PAIR
CAFTOR	=	FACTOR

Puzzle #4
SCIENCE AND SPACE

LAAISTP	=	SPATIAL
CURUMFL	=	FULCRUM
EACMTGIN	=	MAGNETIC
UELNGJ	=	JUNGLE
UALMPTIN	=	PLATINUM
OFAURML	=	FORMULA
IEURSVEN	=	UNIVERSE
AGORN	=	ORGAN
CICSNEGEEO	=	GEOSCIENCE
RKWO	=	WORK
ESICENC	=	SCIENCE
IACNOTLO	=	LOCATION

Puzzle #5
SCIENCE AND SPACE

TNE	=	NET
EHDONASI	=	ADHESION
YSK	=	SKY
EVMETNMO	=	MOVEMENT
TSNAIR	=	STRAIN
RSHAM	=	MARSH
NAOAYLM	=	ANOMALY
OXBGYOILOE	=	EXOBIOLOGY
ISETANGMM	=	MAGNETISM
LLEVITOA	=	VOLATILE
IATTNUMI	=	TITANIUM
TSEAHPEMOR	=	ATMOSPHERE

Puzzle #6
SCIENCE AND SPACE

RTBIO	=	ORBIT
TIAIENDVO	=	DEVIATION
ERLNKE	=	KERNEL
ANLZBGI	=	BLAZING
RTOOTG	=	GROTTO
ULEVMO	=	VOLUME
SSPROCE	=	PROCESS
HRGSSTBNIE	=	BRIGHTNESS
ATTW	=	WATT
OCIAMT	=	ATOMIC
ROCE	=	CORE
NTYIU	=	UNITY

Puzzle #7
SCIENCE AND SPACE

RHNIZOO	=	HORIZON
YATACTLS	=	CATALYST
AALBNEC	=	BALANCE
YMSTOANOR	=	ASTRONOMY
VIEOONRCSN	=	CONVERSION
IDVCENEE	=	EVIDENCE
CARNHB	=	BRANCH
SYALINAS	=	ANALYSIS
VAENCI	=	CEVIAN
HIFGLT	=	FLIGHT
YERIAVSP	=	VESPIARY
TENESELM	=	ELEMENTS

Puzzle #8
SCIENCE AND SPACE

UCAMUV	=	VACUUM
YRAAVI	=	AVIARY
LODG	=	GOLD
RETOU	=	OUTER
YERROR	=	ORRERY
OSARRNPTT	=	TRANSPORT
NAUITQYT	=	QUANTITY
REART	=	TERRA
NORHO	=	HONOR
WEOPR	=	POWER
ICDTIRNOE	=	DIRECTION
SOTRTNAAU	=	ASTRONAUT

Puzzle #9
SCIENCE AND SPACE

LREISAMN	=	MINERALS
RTCEAR	=	CRATER
TIISNUVEYR	=	UNIVERSITY
CCOMSIROM	=	MICROCOSM
NOAYPC	=	CANOPY
ICORCHN	=	CHRONIC
HURTAEN	=	UNEARTH
ESOSNRS	=	SENSORS
UEEXSOPR	=	EXPOSURE
ASDNEMPS	=	DAMPNESS
UMRHBOS	=	RHOMBUS
FIEL	=	LIFE

Puzzle #10
SCIENCE AND SPACE

ILECITPC	=	ECLIPTIC
EINRGOTECC	=	GEOCENTRIC
SEORNIINV	=	INVERSION
ETREIPL	=	REPTILE
SIOEOHNREP	=	IONOSPHERE
TSVA	=	VAST
AURSNU	=	URANUS
TRATEM	=	MATTER
GNISRP	=	SPRING
AFCE	=	FACE
IDTSNNAG	=	STANDING
KCTAR	=	TRACK

Puzzle #11
SCIENCE AND SPACE

ENOJRYU	=	JOURNEY
AUFNA	=	FAUNA
ASLOR	=	SOLAR
LABGLO	=	GLOBAL
IOLSOCNIL	=	COLLISION
SINOVI	=	VISION
ENLSEIT	=	TENSILE
LITANISY	=	SALINITY
COPSOOHRE	=	HOROSCOPE
NMPHANOEE	=	PHENOMENA
PISLDICINE	=	DISCIPLINE
CSESSCU	=	SUCCESS

Puzzle #12
SCIENCE AND SPACE

ERLAS	=	LASER
IMCRYESHT	=	CHEMISTRY
ONBSO	=	BOSON
CAR	=	ARC
NOEPEIR	=	PIONEER
NEEIGN	=	ENGINE
ADRRAITEI	=	IRRADIATE
EYCCL	=	CYCLE
SCFOU	=	FOCUS
CSNREAOT	=	ANCESTOR
IHPNELAO	=	APHELION
EARPNITOO	=	OPERATION

Puzzle #13
SCIENCE AND SPACE

PASECSBU	=	SUBSPACE
BILNSEVII	=	INVISIBLE
TEHREAW	=	WEATHER
JECTRE	=	REJECT
NEMRIA	=	MARINE
BCLPUI	=	PUBLIC
DZOIAC	=	ZODIAC
TPSHYSIEOH	=	HYPOTHESIS
ENMATG	=	MAGNET
IEDRSVE	=	DIVERSE
SMAR	=	MARS
PCROPE	=	COPPER

Puzzle #14
SCIENCE AND SPACE

YADNQRUA	=	QUANDARY
HCEIN	=	NICHE
ASPERI	=	PRAISE
RNSOET	=	TENSOR
IAMNDE	=	MEDIAN
NATGNIIR	=	TRAINING
TADINST	=	DISTANT
UOALRNCD	=	CAULDRON
LIEDSOSV	=	DISSOLVE
TGBLHI	=	BLIGHT
UBEUETCRNL	=	TURBULENCE
NDCTNSAAE	=	ASCENDANT

Puzzle #15
SCIENCE AND SPACE

EVILAB	=	VIABLE
MINDGKO	=	KINGDOM
NOSINEMDI	=	DIMENSION
WVIE	=	VIEW
SUFNIO	=	FUSION
IAVST	=	VISTA
EPRMOYHOTT	=	PHOTOMETRY
SEOTNREA	=	RESONATE
TIEKSNIC	=	KINETICS
DELARSPF	=	FELDSPAR
LEIVPNU	=	VULPINE
OWR	=	ROW

Puzzle #16
SCIENCE AND SPACE

LOCD	=	COLD
AEMTEHN	=	METHANE
NAROBIRE	=	AIRBORNE
IRWLH	=	WHIRL
AELIYCTIST	=	ELASTICITY
MTIAMEDIE	=	IMMEDIATE
IDAPTETU	=	APTITUDE
QTNUMIPEE	=	EQUIPMENT
ELAOFDEIT	=	DEFOLIATE
SRYA	=	RAYS
XETEREM	=	EXTREME
LCUSCUAL	=	CALCULUS

Puzzle #17
SCIENCE AND SPACE

TIHCACRMOS	=	CHROMATICS
URTSECPM	=	SPECTRUM
SEECIPL	=	ECLIPSE
VOINDCEAT	=	ADVECTION
EDADNOGOC	=	DODECAGON
ODCRH	=	CHORD
NYUFI	=	UNIFY
MPYRIAD	=	PYRAMID
AVDRENT	=	VERDANT
LNIEOVTAE	=	ELEVATION
OTSH	=	HOST
DGTUAAEJ	=	ADJUGATE

Puzzle #18
SCIENCE AND SPACE

BEVOBRSLEA	=	OBSERVABLE
ADULMOTE	=	MODULATE
UTOEROVILN	=	REVOLUTION
SRVEERPE	=	PRESERVE
NGIINNSP	=	SPINNING
SSNAERH	=	HARNESS
OLEP	=	POLE
ONMO	=	MOON
EUAILTTD	=	LATITUDE
SMCLEELOU	=	MOLECULES
RCOFE	=	FORCE
YRBNAO	=	BARYON

Puzzle #19
SCIENCE AND SPACE

OCNETRDI	=	CENTROID
ARFALTC	=	FRACTAL
AALAXRPL	=	PARALLAX
ELLELA	=	ALLELE
HGTOUR	=	TROUGH
TEINIOVNN	=	INVENTION
NOYRTPE	=	ENTROPY
HAERT	=	EARTH
CBUSSNTAE	=	SUBSTANCE
ERTNEEGA	=	GENERATE
GDSIELDO	=	DISLODGE
ITMLI	=	LIMIT

Puzzle #20
SCIENCE AND SPACE

IGLTH	=	LIGHT
LRMNAO	=	NORMAL
TAAIRDNIO	=	RADIATION
TNFRGAEM	=	FRAGMENT
TEOPOYRTP	=	PROTOTYPE
UANTTEEAT	=	ATTENUATE
OTNREUNS	=	NEUTRONS
ISOSYMSBI	=	SYMBIOSIS
LRPAUS	=	PULSAR
IGDR	=	GRID
ISSOESNNPU	=	SUSPENSION
TOMOANFRI	=	FORMATION

Puzzle #21
SCIENCE AND SPACE

NTIUME	=	MINUTE
IAYPAR	=	APIARY
USRACILN	=	CISLUNAR
ABLULEAV	=	VALUABLE
EEDTYRSAN	=	SEDENTARY
EYLHAL	=	HALLEY
OROHCMEMSO	=	CHROMOSOME
EISCPES	=	SPECIES
-YAXR	=	X-RAY
OULJE	=	JOULE
RNUUTRE	=	NURTURE
EAUCTERR	=	CREATURE

Puzzle #22
SCIENCE AND SPACE

DTIE	=	TIDE
CCERENIL	=	ENCIRCLE
FRESLOOA	=	SEAFLOOR
ANCORO	=	CORONA
ATHP	=	PATH
ECNTADILI	=	IDENTICAL
RDAAZH	=	HAZARD
TESMCYOSE	=	ECOSYSTEM
ODYB	=	BODY
NCORATITTA	=	ATTRACTION
RRACUCLI	=	CIRCULAR
ODSLI	=	SOLID

Puzzle #23
SCIENCE AND SPACE

OSMRST	=	STORMS
NAOTIIAV	=	AVIATION
IUYSRCLADH	=	HYDRAULICS
UMTIISLONY	=	LUMINOSITY
IONODSRITT	=	DISTORTION
VNEA	=	AVEN
TALAUNR	=	NATURAL
HAEICMNCAL	=	MECHANICAL
ELUASNTB	=	UNSTABLE
ROEMTEIET	=	METEORITE
TIHHGE	=	HEIGHT
PAIRCLTO	=	TROPICAL

Puzzle #24
SCIENCE AND SPACE

ASAN	=	NASA
GINAMRW	=	WARMING
OSTCRFEA	=	FORECAST
OUINN	=	UNION
YCOHLNOTGE	=	TECHNOLOGY
IOEACRL	=	CALORIE
LECLS	=	CELLS
SGOUSAE	=	GASEOUS
ADRTET	=	TETRAD
EUNOSSITQ	=	QUESTIONS
DRESOVZENU	=	RENDEZVOUS
DSNOU	=	SOUND

Puzzle #25
SCIENCE AND SPACE

SNSIIOF	=	FISSION
TNIRAEI	=	INERTIA
AQITNEUELV	=	EQUIVALENT
KUHAETERQA	=	EARTHQUAKE
ROBASI	=	ISOBAR
LOLAY	=	ALLOY
ICAMYDNS	=	DYNAMICS
YSGYYZ	=	SYZYGY
FOTL	=	LOFT
ICUER	=	CURIE
UVSIR	=	VIRUS
TEPENNU	=	NEPTUNE

Puzzle #26
SCIENCE AND SPACE

SSIMOOS	=	OSMOSIS
ECOIITRPND	=	PREDICTION
ONE	=	EON
EDEENPECDN	=	DEPENDENCE
IYDSTNE	=	DENSITY
OPOPINRRTO	=	PROPORTION
LDECANA	=	CANDELA
AMNTUT	=	MUTANT
ENTV	=	VENT
NRFTEME	=	FERMENT
RETUONN	=	NEUTRON
RSPOITNO	=	POSITRON

Puzzle #27
SCIENCE AND SPACE

SBEDOI	=	BODIES
ICYTNIVI	=	VICINITY
RGEASILHYT	=	LIGHTYEARS
WEORTEPS	=	POWERSET
GTRLNEEAC	=	RECTANGLE
IATGA	=	TAIGA
FTEBFU	=	BUFFET
PIBTANOSOR	=	ABSORPTION
LUESP	=	PULSE
AGYOEV	=	VOYAGE
MLUNCO	=	COLUMN
BUEC	=	CUBE

Puzzle #28
SCIENCE AND SPACE

IDPUALMTE	=	AMPLITUDE
EMOPHNNOEN	=	PHENOMENON
TELESATLI	=	SATELLITE
ETRERSIPOP	=	PROPERTIES
YOOMGLCSO	=	COSMOLOGY
GICENNORCA	=	CARCINOGEN
RETSUL	=	LUSTER
LDESI	=	SLIDE
MHAIBPINA	=	AMPHIBIAN
MEZYNE	=	ENZYME
ISNOC	=	SONIC
NIMMOAA	=	AMMONIA

Puzzle #29
SCIENCE AND SPACE

RAETRY	=	ARTERY
TEJRUPI	=	JUPITER
NNGTURI	=	TURNING
ACSJRSIU	=	JURASSIC
CENIKL	=	NICKEL
NNIAVOTE	=	INNOVATE
LANPE	=	PLANE
NSITESRCAE	=	RESISTANCE
OTRUEQ	=	TORQUE
ENICFICTIS	=	SCIENTIFIC
LUBENA	=	NEBULA
ICMHENACS	=	MECHANICS

Puzzle #30
SCIENCE AND SPACE

MNAOEOTRSR	=	ASTRONOMER
RIXAMT	=	MATRIX
AMRBU	=	UMBRA
LLLAAIVU	=	ALLUVIAL
AEAPCRAC	=	CARAPACE
STMOONIUCB	=	COMBUSTION
ENEPECDYND	=	DEPENDENCY
TCNINTIS	=	INSTINCT
SFULHORI	=	FLOURISH
DLPPEIA	=	APPLIED
NOSMO	=	MOONS
NOPSAUVER	=	SUPERNOVA

Puzzle #31
SCIENCE AND SPACE

TSASR	=	STARS
COMIBSER	=	MICROBES
ISILTYRIMA	=	SIMILARITY
MOH	=	OHM
CDNEIERNO	=	ENDOCRINE
EITCEJBVO	=	OBJECTIVE
CIONEFATRR	=	REFRACTION
EVRMEUAN	=	MANEUVER
SCPU	=	CUSP
ESSONIS	=	SESSION
ORTYABALOR	=	LABORATORY
LPDOEY	=	DEPLOY

Puzzle #32
SCIENCE AND SPACE

TEEMRO	=	METEOR
OENGPATN	=	PENTAGON
SMOORENH	=	HORMONES
GEDE	=	EDGE
IERTLKEOM	=	KILOMETRE
IDKS	=	DISK
ERUOCS	=	SOURCE
NTPI	=	PINT
EHARCSER	=	RESEARCH
APNYELTAR	=	PLANETARY
STSASENSEM	=	ASSESSMENT
DLITUEAT	=	ALTITUDE

Puzzle #33
SCIENCE AND SPACE

IYLDE	=	YIELD
TNOICNUF	=	FUNCTION
VLOOEDAR	=	OVERLOAD
SOERUTYIMS	=	MYSTERIOUS
EJOTECIPLR	=	PROJECTILE
OSTLOFENW	=	FLOWSTONE
EIBRFLAL	=	FIREBALL
ACHOS	=	CHAOS
LTETHUS	=	SHUTTLE
ANEHVSE	=	HEAVENS
TERXLAEN	=	EXTERNAL
TNUI	=	UNIT

Puzzle #34
SCIENCE AND SPACE

RWEC	=	CREW
BAPRNUEM	=	PENUMBRA
SGRNI	=	RINGS
ANRDEGENDE	=	ENDANGERED
OWTENN	=	NEWTON
DEAMNIIR	=	MERIDIAN
ISXNEETCE	=	EXISTENCE
DCMAORMEN	=	COMMANDER
RASO	=	SOAR
HPDTE	=	DEPTH
ETS	=	SET
UIPCSNCEOR	=	COPERNICUS

Puzzle #35
SCIENCE AND SPACE

YRDOGHYOL	=	HYDROLOGY
ICEOSN	=	COSINE
PRSTUPO	=	SUPPORT
XERTEV	=	VERTEX
PGEAESE	=	SEEPAGE
IGNEDS	=	DESIGN
EIDOPR	=	PERIOD
IXOQNUE	=	EQUINOX
ISSAB	=	BASIS
LMETNA	=	MANTLE
LEISRV	=	SILVER
ETCASN	=	SECANT

Puzzle #36
SCIENCE AND SPACE

LDOCU	=	CLOUD
EMUTMMON	=	MOMENTUM
UDLMORSD	=	DOLDRUMS
ONOHTP	=	PHOTON
OIRTA	=	RATIO
RBSSA	=	BRASS
UPELLY	=	PULLEY
AHIMSLCEC	=	CHEMICALS
RATEENETP	=	PENETRATE
WASPM	=	SWAMP
CYRLDUIAH	=	HYDRAULIC
TGCOONA	=	OCTAGON

Puzzle #37
SCIENCE AND SPACE

IPONSXNEA	=	EXPANSION
RHTEWTWEAI	=	WHITEWATER
LPAOR	=	POLAR
IPETEOCNR	=	RECEPTION
IDRAAN	=	RADIAN
NSVUE	=	VENUS
CARNIOET	=	REACTION
UATIENOQ	=	EQUATION
DTSNURYI	=	INDUSTRY
EDNO	=	NODE
TEONICSNPI	=	INSPECTION
ICTNCEOVNO	=	CONVECTION

Puzzle #38
SCIENCE AND SPACE

TENAMIB	=	AMBIENT
DNARI	=	NADIR
SIOMSNI	=	MISSION
MONEEISTL	=	LIMESTONE
EYCAD	=	DECAY
OCRNTTOEIP	=	PROTECTION
AORAUTITNS	=	SATURATION
CPBRDTOYU	=	BYPRODUCT
ATMRLEH	=	THERMAL
OCUSATISC	=	ACOUSTICS
RZHET	=	HERTZ
OOLRCTN	=	CONTROL

Puzzle #39
SCIENCE AND SPACE

PTRCESUM	=	SPECTRUM
ELHLYA	=	HALLEY
TSRE	=	REST
TSRESS	=	STRESS
PAVOR	=	VAPOR
EPYRRTCTOMSE	=	SPECTROMETRY
IMNCREHYA	=	MACHINERY
EAEIDTIMM	=	IMMEDIATE
TCONRLO	=	CONTROL
SSIOOMS	=	OSMOSIS
NGTIRNIA	=	TRAINING
TNRTOIAO	=	ROTATION

Puzzle #40
SCIENCE AND SPACE

ERBSPHEIO = BIOSPHERE

DENDMO = EDMOND

OSSLCALO = COLOSSAL

NTPEOL = LEPTON

NADL RMOF = LAND FORM

UQRTA = QUART

ISAYDLP = DISPLAY

NOAK = KAON

LAGEN = ANGLE

RNUCTER = CURRENT

ESIELESRTW = WESTERLIES

UESMOUNR = NUMEROUS

Puzzle #41
SCIENCE AND SPACE

TELOMEGHRA	=	GEOTHERMAL
EVAOPLR	=	OVERLAP
YEPT	=	TYPE
NUDEED	=	DENUDE
IOPESOHTAS	=	APOTHEOSIS
ERHSPNLIEE	=	PREHENSILE
STEINSELA	=	ESSENTIAL
EATH	=	HEAT
ESNITON	=	TENSION
PECAS	=	SPACE
WTNEON	=	NEWTON
TINHRIE	=	INHERIT

Puzzle #42
SCIENCE AND SPACE

IDARESTO	=	ASTEROID
LIFALEF-H	=	HALF-LIFE
LSCASRTY	=	CRYSTALS
ERDCTETPO	=	PROTECTED
OLDH	=	HOLD
NELPPOTALR	=	PROPELLANT
AVEUL	=	VALUE
HRPAYTO	=	ATROPHY
ISEUTORM	=	MOISTURE
NTEREC	=	CENTER
LMAUNIISTO	=	SIMULATION
TCROEV	=	VECTOR

Puzzle #43
SCIENCE AND SPACE

CICDAI	=	ACIDIC
IARNIOTPT	=	PARTITION
GFAL	=	FLAG
NEACO	=	OCEAN
ONRZEB	=	BRONZE
AROVP	=	VAPOR
PLYPA	=	APPLY
EUSCUNL	=	NUCLEUS
IPS	=	PSI
LDWSETNA	=	WETLANDS
LEOTGVA	=	VOLTAGE
MMGAA	=	GAMMA

Puzzle #44
SCIENCE AND SPACE

RGNLALEHEC	=	CHALLENGER
EUDRAVTEN	=	ADVENTURE
ICOASNGIT	=	AGONISTIC
ENSSAO	=	SEASON
SPLETORA	=	POLESTAR
TAILV	=	VITAL
EGADNR	=	DANGER
INSGETN	=	NESTING
MNLTOEPCEM	=	COMPLEMENT
NTELOSEDO	=	LODESTONE
ALOD	=	LOAD
ARQKU	=	QUARK

Puzzle #45
SCIENCE AND SPACE

NEIUCELNF	=	INFLUENCE
OEODSRDW	=	REDWOODS
ISEZ	=	SIZE
PESSTRUE	=	SUPERSET
QUUIEN	=	UNIQUE
SALW	=	LAWS
RSTRPMAOFE	=	PERMAFROST
TQUES	=	QUEST
LROCTERFE	=	REFLECTOR
IINGRO	=	ORIGIN
PCATES	=	ASPECT
ECTFA	=	FACET

Puzzle #46
SCIENCE AND SPACE

TDNMIUAEG	=	MAGNITUDE
LUAVEOC	=	VACUOLE
CILESTAPR	=	PARTICLES
DSIUIQL	=	LIQUIDS
SNOESMII	=	EMISSION
UEEQNI	=	EQUINE
LOOC	=	COOL
ATYGDER	=	TRAGEDY
OANV	=	NOVA
WRIATAT	=	AIRWATT
ARDFA	=	FARAD
TSSSRE	=	STRESS

Puzzle #47
SCIENCE AND SPACE

ABIYRN	=	BINARY
AGTROPPRHE	=	PETROGRAPH
LASCS	=	CLASS
MYYMSETR	=	SYMMETRY
UONOTILEV	=	EVOLUTION
RPOATCCIA	=	CAPACITOR
CTETNIVAF	=	VENTIFACT
OSIMELKERT	=	KILOMETERS
EPAOUQ	=	OPAQUE
WORDC	=	CROWD
TSDU	=	DUST
ILFT	=	LIFT

Puzzle #48
SCIENCE AND SPACE

RAEA	=	AREA
OEEAGP	=	APOGEE
TEINLBEVAI	=	INEVITABLE
AAQSUR	=	QUASAR
RGANUAL	=	ANGULAR
SOEPT	=	POSET
ETRVPDUIOC	=	PRODUCTIVE
MRAG	=	GRAM
SAELIORTT	=	ARISTOTLE
NIETGAN	=	ANTIGEN
SIXA	=	AXIS
VEOLNTS	=	SOLVENT

Puzzle #49
SCIENCE AND SPACE

OIERCNTFLE	=	REFLECTION
PDANTAIOTA	=	ADAPTATION
IPONSISTO	=	POSITIONS
IGRBETL	=	GILBERT
LUDBOE	=	DOUBLE
TPANOORTNI	=	ANTIPROTON
NTELPA	=	PLANET
IVSLEIB	=	VISIBLE
ERAC	=	ACRE
RTUNNOEI	=	NEUTRINO
ETCBOSJ	=	OBJECTS
LYAHEIN	=	HYALINE

Puzzle #50
SCIENCE AND SPACE

NTIXO	=	TOXIN
NEIEVLOC	=	VIOLENCE
NSCCITEOT	=	TECTONICS
UARLCNE	=	NUCLEAR
CPHIT	=	PITCH
AISISTTCST	=	STATISTICS
ERERDATNUW	=	UNDERWATER
ADLE	=	LEAD
HEDKOC	=	CHOKED
NOEZ	=	ZONE
EONZO	=	OZONE
EEPDS	=	SPEED

Puzzle #51
SCIENCE AND SPACE

UCYNBAYO	=	BUOYANCY
NIAGR	=	GRAIN
SVIIYTCOS	=	VISCOSITY
OLPOYNG	=	POLYGON
SICITVTA	=	ACTIVIST
MEISSIC	=	SEISMIC
OIAGDALN	=	DIAGONAL
MOLUBOC	=	COULOMB
TEYTIDIN	=	IDENTITY
AAILVEGNB	=	NAVIGABLE
BELBRU	=	RUBBLE
TIOESPO	=	ISOTOPE

Puzzle #52
SCIENCE AND SPACE

RECLIC	=	CIRCLE
LOOAPIPUNT	=	POPULATION
RFAGEO	=	FORAGE
URQYRA	=	QUARRY
CIAD	=	ACID
YVIRETA	=	VARIETY
RTIFPYE	=	PETRIFY
ITCGASR	=	GASTRIC
YIC	=	ICY
GLE	=	LEG
ITDARMYXE	=	TAXIDERMY
TILEDU	=	DILUTE

Puzzle #53
SCIENCE AND SPACE

TZGOYE	=	ZYGOTE
TIDRF	=	DRIFT
TSRE	=	REST
SFHTDEIR	=	REDSHIFT
MLNUUOSI	=	LUMINOUS
HICNA	=	CHAIN
RIMPS	=	PRISM
TQANAU	=	QUANTA
ABESS	=	BASES
IOBSSAI	=	ABIOSIS
ESPRHE	=	SPHERE
LEMENTE	=	ELEMENT

Puzzle #54
SCIENCE AND SPACE

GOCUNRENEC	=	CONGRUENCE
ENKTILW	=	TWINKLE
CAPOESRAE	=	AEROSPACE
RAEM	=	MARE
LESTE	=	STEEL
IGXWAN	=	WAXING
GNUSINDIEO	=	INDIGENOUS
ABTE	=	BEAT
LUOOSPRPIN	=	PROPULSION
UERTSIOV	=	VITREOUS
IWLSGNIR	=	SWIRLING
OMTONECPN	=	COMPONENT

Puzzle #55
SCIENCE AND SPACE

IMOSABUTC	=	SUBATOMIC
ICPOTS	=	OPTICS
TSNCIISTE	=	SCIENTIST
DUTMHIIY	=	HUMIDITY
SKORC	=	ROCKS
ESSLYIOMGO	=	SEISMOLOGY
RMEEMB	=	MEMBER
SOPTNI	=	PISTON
YAELCG	=	LEGACY
SIEIOSM	=	MEIOSIS
DPMIIOTN	=	MIDPOINT
ENIL	=	LINE

Puzzle #56
SCIENCE AND SPACE

NINEETIS	=	EINSTEIN
DIRCYENL	=	CYLINDER
EUQRSA	=	SQUARE
SFSOIL	=	FOSSIL
PMA	=	MAP
TAGVOANIIN	=	NAVIGATION
CLNUHA	=	LAUNCH
ULMLCOEE	=	MOLECULE
MOEBI	=	BIOME
GENRTIYTI	=	INTEGRITY
LPSMYATOC	=	CYTOPLASM
PTMEARTEE	=	TEMPERATE

Puzzle #57
SCIENCE AND SPACE

EPICLATR	=	PARTICLE
LTTTAIASCE	=	STALACTITE
RBA	=	BAR
AGEOM	=	OMEGA
SDECTEN	=	DESCENT
DMELO	=	MODEL
ENLCGEEGNI	=	NEGLIGENCE
NTTIOSJE	=	JETTISON
LGYOEOC	=	ECOLOGY
VMENROGA	=	MANGROVE
TNOSSEIAN	=	SENSATION
PIREUK	=	KUIPER

Puzzle #58
SCIENCE AND SPACE

EELVL	=	LEVEL
IVAZEOPR	=	VAPORIZE
XENPASION	=	EXPANSION
RASTAENBNURE	=	SUBTERRANEAN
NSMOO	=	MOONS
INGEDS	=	DESIGN
IONSESS	=	SESSION
OUTYNVLRA	=	VOLUNTARY
EBSA	=	BASE
OADL	=	LOAD
LECCY	=	CYCLE
NIAITVOA	=	AVIATION

Puzzle #59
SCIENCE AND SPACE

NOCNITENOV	=	CONVENTION
PAIAYTCC	=	CAPACITY
UTNESTGN	=	TUNGSTEN
TKNO	=	KNOT
EOCITYVL	=	VELOCITY
BLESUOL	=	SOLUBLE
RTASOMNIOF	=	FORMATIONS
BDEELIC	=	DECIBEL
RMEAS	=	MASER
GIMAE	=	IMAGE
PETIRDO	=	DIOPTRE
ELNIA	=	ALIEN

Puzzle #60
SCIENCE AND SPACE

ODELCLI	=	COLLIDE
RLNOATEITA	=	ALTERATION
LODSUC	=	CLOUDS
QAREUOT	=	EQUATOR
RSIEHEMPHE	=	HEMISPHERE
MCOISC	=	COSMIC
NRIO	=	IRON
NIDESTIOSC	=	DISSECTION
IAOEZDN	=	ANODIZE
ESUMIPL	=	IMPULSE
ONPIT	=	POINT
NTEMIDES	=	SEDIMENT

Puzzle #61
SCIENCE AND SPACE

LVASNY	=	SYLVAN
VWAE	=	WAVE
LUDFI	=	FLUID
ATDCNDEESN	=	DESCENDANT
ALYXAG	=	GALAXY
GEEANVTI	=	NEGATIVE
TUCNNCIDOO	=	CONDUCTION
MPRLYOE	=	POLYMER
NRARAIAG	=	AGRARIAN
AMSLAP	=	PLASMA
LEOM	=	MOLE
ALEZ	=	ZEAL

Puzzle #62
SCIENCE AND SPACE

ECGORHAYOL	=	ARCHEOLOGY
AUOCLSRTNI	=	ULTRASONIC
VSOEYCRID	=	DISCOVERY
EEDRS	=	REEDS
PNTUSSO	=	SUNSPOT
RGEDEE	=	DEGREE
ISDREPMIE	=	EPIDERMIS
IOANIMRGT	=	MIGRATION
SEONECRAN	=	RESONANCE
RTOSNAITNI	=	TRANSITION
LYCOCTNOR	=	CYCLOTRON
LCIDSAEP	=	DISPLACE

Puzzle #63
SCIENCE AND SPACE

LYEMX	=	XYLEM
PSHAE	=	SHAPE
MPEARE	=	AMPERE
AHLO	=	HALO
NSU	=	SUN
ADYR	=	YARD
CONUE	=	OUNCE
ADTCEERGIN	=	CENTIGRADE
GNRETAE	=	REAGENT
GYNECA	=	AGENCY
GAERN	=	RANGE
DOEEXNPIIT	=	EXPEDITION

Puzzle #64
SCIENCE AND SPACE

PCEUOL	=	COUPLE
ATOUNITN	=	NUTATION
IHNTZE	=	ZENITH
EPTSISOD	=	DEPOSITS
NHGMRAPOO	=	MONOGRAPH
ECTSR	=	CREST
IVLAEOL	=	ALVEOLI
IISOPONT	=	POSITION
MLARE	=	REALM
VUCRE	=	CURVE
TECFFE	=	EFFECT
AEEICTSLL	=	CELESTIAL

Puzzle #65
SCIENCE AND SPACE

PGARH	=	GRAPH
ISAUMBOPRA	=	AMBIPAROUS
NLSUARTTE	=	RESULTANT
LSAUUUN	=	UNUSUAL
LVBAIERA	=	VARIABLE
NESAXTT	=	SEXTANT
NECO	=	CONE
DHNGEYOR	=	HYDROGEN
HLRTEASM	=	THERMALS
TAMNQUU	=	QUANTUM
RIEPMAT	=	PRIMATE
OELERGA	=	AEROGEL

Puzzle #66
SCIENCE AND SPACE

YSYNGRE	=	SYNERGY
BTESELDIIG	=	DIGESTIBLE
EIML	=	MILE
ESIXAPCRE	=	XERISCAPE
DELOMU	=	MODULE
LARAREBO	=	ARBOREAL
VLOENPEE	=	ENVELOPE
HERTAN	=	ANTHER
EESALRRV	=	REVERSAL
AUESEMR	=	MEASURE
REHAGC	=	CHARGE
SRUEIN	=	URSINE

Puzzle #67
SCIENCE AND SPACE

ETPRSFACCA	=	SPACECRAFT
CERFSUA	=	SURFACE
TASR TDSU	=	STAR DUST
ARDG	=	DRAG
NIOIFDUFS	=	DIFFUSION
PSELILE	=	ELLIPSE
TURTRCSEU	=	STRUCTURE
ITUNE	=	UNITE
CODENS	=	SECOND
YEASUTR	=	ESTUARY
MTAO	=	ATOM
OREZ	=	ZERO

Puzzle #68
SCIENCE AND SPACE

CSEIOHYPGS	=	GEOPHYSICS
IRUICCT	=	CIRCUIT
NBRU	=	BURN
OTMCE	=	COMET
VLUVAIRS	=	SURVIVAL
IFUGN	=	FUNGI
LICCUMA	=	CALCIUM
IPIPALNCR	=	PRINCIPAL
FTHSI	=	SHIFT
YHSTSENIS	=	SYNTHESIS
ONSEPHUETY	=	HYPOTENUSE
NEMALINIL	=	MILLENNIA

Puzzle #69
SCIENCE AND SPACE

ULAONRTYV	=	VOLUNTARY
UFNRFO	=	RUNOFF
PONSOIXLE	=	EXPLOSION
RPACAYILL	=	CAPILLARY
HCEOP	=	EPOCH
OINSROE	=	EROSION
YNFIGL	=	FLYING
YSDUT	=	STUDY
YRA	=	RAY
IAMLMUUN	=	ALUMINUM
IAERPOVZ	=	VAPORIZE
QAFEIRU	=	AQUIFER

Puzzle #70
SCIENCE AND SPACE

JRECTYRTAO	=	TRAJECTORY
ESBA	=	BASE
TUILSUSM	=	STIMULUS
OILUNLBES	=	INSOLUBLE
ASRIENOTFR	=	RAINFOREST
MANGINTEL	=	ALIGNMENT
VOIENLUT	=	INVOLUTE
TICNTRAE	=	INTERACT
AELGEU	=	LEAGUE
ODAMLNIF	=	MANIFOLD
OERBP	=	PROBE
NGEITI	=	IGNITE

Puzzle #71
SCIENCE AND SPACE

NTNCAOST	=	CONSTANT
NALUR	=	LUNAR
TLSRLEA	=	STELLAR
NUTMACOSO	=	COSMONAUT
PCIOYAT	=	OPACITY
DOBYEN	=	BEYOND
NMOHOBLEIG	=	HEMOGLOBIN
ADSSTIER	=	DISASTER
MITELCA	=	CLIMATE
INERNEGE	=	ENGINEER
BRCTOIO	=	ROBOTIC
OOADCTERT	=	DOCTORATE

Puzzle #72
SCIENCE AND SPACE

ERTME	=	METER
LINRTOAA	=	RATIONAL
ATRBICEA	=	BACTERIA
LFOW	=	FLOW
EITRCMS	=	METRICS
EPXA	=	APEX
ILHVEEC	=	VEHICLE
ENMA	=	MEAN
EUNFERYQC	=	FREQUENCY
UASTPAAPR	=	APPARATUS
DPRTAORE	=	PREDATOR
EDIDO	=	DIODE

Puzzle #73
SCIENCE AND SPACE

IAATHTB	=	HABITAT
ADAT	=	DATA
NIRFIOCT	=	FRICTION
OPTNRO	=	PROTON
ILCSTEHAM	=	ALCHEMIST
EDABOL	=	ALBEDO
SBDONIIA	=	OBSIDIAN
VEMRLA	=	MARVEL
GNTIJTU	=	JUTTING
OACNTLRNU	=	NOCTURNAL
HRTEYO	=	THEORY
CZNI	=	ZINC

Puzzle #74
SCIENCE AND SPACE

OAETSLUB	=	ABSOLUTE
OERVVEL	=	REVOLVE
CTAIACLG	=	GALACTIC
ASG	=	GAS
NCAEHGS	=	CHANGES
NIODMO	=	MONOID
UBRTS	=	BURST
REEPIGE	=	PERIGEE
SASCISAB	=	ABSCISSA
AFUTL	=	FAULT
PMTCIA	=	IMPACT
INOOTM	=	MOTION

Puzzle #75
SCIENCE AND SPACE

EITEMADR	=	DIAMETER
ESATG	=	STAGE
DUCPNMOO	=	COMPOUND
SCBMUTO	=	COMBUST
IGDUE	=	GUIDE
CONTIA	=	ACTION
VAIUNESLR	=	UNIVERSAL
UOSLC	=	LOCUS
NAKR	=	RANK
TIARELVE	=	RELATIVE
YNREH	=	HENRY
RTAYVGI	=	GRAVITY

Puzzle #76
SCIENCE AND SPACE

IGAORNMS	=	ORGANISM
NRDASAB	=	SANDBAR
MHZUATI	=	AZIMUTH
RLNUAID	=	DIURNAL
AAGMM	=	MAGMA
RTLECOEN	=	ELECTRON
FITOLFF	=	LIFTOFF
ACMLCHIE	=	CHEMICAL
TKEI	=	KITE
EOERCNYM	=	CEREMONY
UEISFSR	=	FISSURE
EPSSRREU	=	PRESSURE

Puzzle #77
SCIENCE AND SPACE

LFUX	=	FLUX
RNAHECIMY	=	MACHINERY
ASNEIDCT	=	DISTANCE
OCDUUSDEI	=	DECIDUOUS
ULNME	=	LUMEN
PIOSNUELR	=	REPULSION
TOMNEL	=	MOLTEN
DOHRNA	=	HADRON
YTESSM	=	SYSTEM
ORSOYEGCP	=	GYROSCOPE
LESTA	=	TESLA
IEOTSSCL	=	SOLSTICE

Puzzle #78
SCIENCE AND SPACE

HTELLA	=	LETHAL
VEELL	=	LEVEL
NIOLHMTO	=	MONOLITH
LOGILAE	=	GALILEO
OEBMRY	=	EMBRYO
OYORKER	=	ROOKERY
TVOL	=	VOLT
CCIILRNE	=	INCIRCLE
ODSLIENO	=	SOLENOID
IADGNMP	=	DAMPING
MNUIFRO	=	UNIFORM
TULQAYI	=	QUALITY

Puzzle #79
SCIENCE AND SPACE

OFTO	=	FOOT
LERASPICH	=	SPHERICAL
ITRLVETAIY	=	RELATIVITY
MROF	=	FORM
TSUSEB	=	SUBSET
REOHMC	=	CHROME
ASEHP	=	PHASE
NIIINOGT	=	IGNITION
ATAOYITSNR	=	STATIONARY
RGENYE	=	ENERGY
HLIECAT	=	ETHICAL
ONIRCTDOAE	=	COORDINATE

Puzzle #80
SCIENCE AND SPACE

TANPRAPE	=	APPARENT
STCDAIENC	=	DESICCANT
EFTCFA	=	AFFECT
CNVAILOC	=	VOLCANIC
NONKWUN	=	UNKNOWN
HGETIW	=	WEIGHT
RTCTMEEENI	=	CENTIMETER
SRAIDU	=	RADIUS
NTAEBRIOAR	=	ABERRATION
CLPSAA	=	PASCAL
YARPTI	=	PARITY
LBUEHB	=	HUBBLE

SCIENCE AND SPACE
Puzzle # 1

V			N	O	I	T	U	L	O	S	S	I	D		
A			E	N	D	O	C	R	I	N	E				D
S	N	A	D	J	U	G	A	T	E						O
T	Y	O	Q	U	A	N	T	U	M	H					C
		T	I	U	E	R	O	S	N	E	T		F	U	
C		I	T	A	A	S	O	L	A	R	N	R	M		
R	O	E	V	A	T	R	O	P	H	Y	E	A	E		
E	R	N	E	L	I	L	I	T		N		G	G	N	
A	T	A	V	N	U	T	L	C	H		O	A	M	T	
C	A	S	E	I	C	C	E				T	E	A		
T		R	L	R	U	E	U	T			I	N	T		
I			E	U	S	Q	L	D	S		V	T	I		
O			N	P	I	E	O	N	N	E			O		
N	A	I	D	I	R	E	M	O		M	O	O		N	
H	Y	D	R	O	L	O	G	Y	N			C	C		

SCIENCE AND SPACE
Puzzle # 2

			T	N	E	C	S	E	D	N	U	O	S		
E	P	O	C	S	O	R	Y	G	R	E	T	T	A	M
N	O	I	T	I	N	G	I	S	A	S	T	A	R	S
S		E			D		M	U	R	C	L	U	F		
E		L	C	R	E	W				O	O		L		
N	H	E	D	E	N	T	R	O	P	Y	E	F	A		
S		C		I	S		D		H		I	S	V		
O	T		I		A		O		E	H	N	P	A		
R	R		N	T	M	D	K	N	I	V	A	S	G		
S	D	I	U	Q	I	L	E	I	O	S	E	R	O		
	B	C	E	L	O	P	C	T	M	T	R	T	L		
E	Z	I	D	O	N	A	A	E	E	O	S	I	V		
	T	O				R	G		N	R	I	C	E		
	Y		M		E	O		O	I	O	L	N			
		E	A	N				N	C	N	E	T			

SCIENCE AND SPACE
Puzzle # 3

		A	H	E	M	I	S	P	H	E	R	E		
	P	A	M		T	F	L	O	W		L		M
			B		U	I	Y	R			I		E
T	N	A	T	S	I	D	L	R	T	E		M	T
Y	T	E	S		P		O	E	I	S			R
E	R	R	L		E	C	A	F	V	B	V	A	I
X	R	A	A	B			R		N	A	A	L	C
P	D	E	L	E	U	D		E	O	N	I	L	R	S
E	N	I	P	L	L	A	N	R	U	I	D	L	G
D	E	O	O	M	I	C	O	M	B	U	S	T		P
I	P		D	R	A	P	U	S	P	T	S		R
T	T	Y	R	E	T	R	A	N	N	I	L	A	I
I	U			B	N		C		I	N	O	E	S
O	N				L	E	D	O	M		G	V	M
N	E	U	T	R	O	N	A	C	S	E	A	S	O	N

SCIENCE AND SPACE
Puzzle # 4

L	D		N		H	E	N	R	Y		R
A	E	P	A	H	S	O			P	O			A
N	S	I	M	R	E	D	I	P	E	R	R		T
D			S	A		T			A	D		I
F	F			L	F		A		Y	I	A	O
O		L	N	O	G	A	X	E	H	N	S		S	H
R		O	T	R	A	C	K			I		T	E
M	E		A	W	F	L	Y	I	N	G		M	R
		D		L	S			M	R	O	N	O	H
			N	O	I	T	A	R	R	E	B	A	N	D
			I		E	O	D	R	A	H	S	O
G	L	O	B	A	L		N	N			C	C	M
P	M	A	W	S		Y		A	E	R	O	G	E	L
	K	I	N	E	T	I	C	S	W	O	R	K	R
E	S	L	U	P	M	I	L	A	H	T	E	L

SCIENCE AND SPACE
Puzzle # 5

```
E U     C O N V E N T I O N
L R   S J   M E C H A N I C S
O S U H C O M P O S I T I O N
F I A T E I U   A       B N S
T N S   R M M R N T     U D P
  E T T   U O A N E H   F I R
  B R N E E N G N E G   F T I
    O   E T S E L Y Y I E I N
C   N D   M R P E O D   T O G
  O A   Y   S A I R B O R N E
T I U C R I C S D L G I R S A
  T L         E Y C I N E
  M E I O S I S   S E     A
Y T I D I M U H     S
          R O B O T I C A
```

SCIENCE AND SPACE
Puzzle # 6

```
D I S C R I M I N A N T I N U
Y R T S I M E H C   H E R T Z
      E N O T O R P I T N A
N     T O     H A L O
  O T E E I   N C O M E T D
    Y I N E M T L A N O G A I D
B A C T E R I A V I A R Y S
S P O N U N G T C T D R   T M
O E M X A B O E N I U A B A U
A R M A O Y I P D E L P R N T
R I A H R N O R M R C P L C A
  O N   C I I U T O E   P E T
    D D     N N U B N C E   A I
N I E T S N I E Q   O   D   O
F E R M E N T     E   C   S N
```

SCIENCE AND SPACE
Puzzle # 7

```
S S E C O R P   D Q U A S A R
    F   D M A R E   N     S I
    Y A R A N C E S T O R   O N
T E K C O R     F     Y   L T
      E E   B   U I R   E U E
    T   N Z T O A S   U   R B G
J   N T   N S   I     N Q E L R
M U   E     O C O R O N A E   I
A   T R M   N R N   F   L   T
N A I T R E N I B   F M   Y
G     D I S L O D G E
R   M R O N   P O S I T R O N
O       A M G A M   T S O H
V     N O I T A R O P A V E
E   H A L F L I F E C
```

SCIENCE AND SPACE
Puzzle # 8

```
D   E S S E N T I A L S E T
T E E L B I T S E G I D
  N K L     A L U M R O F
    E O C S N O I T A M R O F
G     R H R         C
E C A P A C I T O R E H C
S     S P   C     L   O
T A T M O S P H E R E   N R
A H P E U T A A E   S D E   D
T E H T S I N R   N T   I
I I A   F R C E B T I D   U
O G S   I E L M   A G A S G
N H E     L V A E L E N E
    T R A L U C R I C L   H E L
O P A Q U E T S U D   E
```

SCIENCE AND SPACE
Puzzle # 13

SCIENCE AND SPACE
Puzzle # 14

SCIENCE AND SPACE
Puzzle # 15

SCIENCE AND SPACE
Puzzle # 16

SCIENCE AND SPACE
Puzzle # 17

							D	A	T	A	D				
D	H			E	X	P	L	O	S	I	O	N		P	
N	I	G		G	D		C	O	R	B	I	T		U	
	R	O	U		E	L	H	G			S			B	
E		U	N	O	I	L	E	H	P	A	U			L	
	C		B	O	R		M	I			L	R		I	
	N	N		L	M	T	I		Y			F	G	C	
Y	I	O	E	C	A	P	S	O	R	E	A	A	R	O	
O	N	N	I	U	O	Z	T	S		L		C	O	L	
B	M	O	C	T	R	P	I		E	I		E	T	L	
J		E	M	I	C	G	P	N		N			T	I	
E	V		G	E	R	E	N	E	G	E	R		O	S	
C	E		A	R	C	R	O	R				A		I	
T	N	A	C	E	S	E	L	I	C			H		O	
S	T		L	E	B	I	C	E	D					N	

SCIENCE AND SPACE
Puzzle # 18

				P		C			Y		Z	E	R	O	
			E		L	R	D	O	L	D	R	U	M	S	X
E	B	U	C	S	L	I	C	S	A	N	O				Y
	I		O	A	E	Y	M	I	M	U	O	L			G
I	N	N	M		P	I	H	A	S	O	T	C	G	E	
N	V	D	M		A	S	D	P	T	S	L	R	E	N	
T	E	A	U	U		D	Y	O	O	E	A	O	I	S	
E	R	M	N		L		V	G	B	R	R	R	G	V	
R	T	P	I			O	D	E	O	H	O	C	U	Y	
A	E	N	C				C	E	C	L	T	L	A	J	
C	B	E	A	L	E	P	T	O	N	T	O	P	H		
T	R	S	T	L	U	A	F			U	I	C	E	C	
I	A	S	I	R	A	B	D	N	A	S	D	O	E	D	
O	T	P	O	S	E	T					E	N			
N	E		N	O	I	T	A	M	R	O	F				

SCIENCE AND SPACE
Puzzle # 19

			E	L	U	D	O	M	N	O	I	S	S	I	F
I	N	O	I	T	R	O	T	S	I	D	L	O	H		
N	N	P	C	I	T	P	I	L	C	E					O
S	I	O		C	D		O	P	A	C	I	T	Y	C	
T	L	L	O	O		E	L	C	R	I	C	N	E	T	
R	L	L	I	M		P		D	T	A	I	G	A		
U	U	I	R	B	E	C	N	E	I	C	S	O	E	G	
M	M	N	O	I	T	C	U	D	N	O	C	P		O	
E	I	A	N	N	R	A	N	K	A	D			A	N	
N	N	T		A	M		L		E					N	
T	A	I	T	M		A	I	F	U	N	G	I			
S	T	O	S	I	S	O	E	H	T	O	P	A	C		
		I	N		O	N				Y	O				Y
		O			N	C	I	S	E	D	I	M	E	N	T
	N	Y	O	L	L	A	R	E	P	I	U	K			

SCIENCE AND SPACE
Puzzle # 20

S	T	A	G	E	D	E	S	C	E	N	D	A	N	T
E	C	N	E	U	L	F	N	I			R		I	
E	L	T	N	A	M	S	C	I	S	N	E	R	O	F
		H	O	R	O	S	C	O	P	E	A	M	N	
A	R	C	H	E	O	L	O	G	Y		G	E	O	
P	D		A	A		C	H	A	R	G	E	R	S	I
H	T	V	G	G	E		N	A	N		N	C	P	N
O	O		E	O		R	R	O	B	E	T	U	H	V
T	X		N	N		D	T	A	I	I	T	R	E	E
O	I		C	I	T	N	N	P	N	T	T	Y	R	R
N	N		Y	S		U	R	O	O	U	A	A	E	S
F	R	A	C	T	A	L	R	U	M	I	L	C	T	E
	O	E	L	I	L	A	G	E	H	D	D	S	O	
			C	A	R	A	P	A	C	E		I	L	
S	Y	L	V	A	N	O	I	T	C	E	V	N	O	C

What do you think of this puzzle book?

If you can spare a couple of minutes, we'd LOVE you to leave a review on Amazon! As a small family business, the comments and feedback you share help us to create the best books we can. This link will take you to the Amazon.com review page for this book:

drpuzzles.com/review23

Thank you from us all at Dr. Puzzles - you are the best!

COPYRIGHT © 2020 - DR. PUZZLES. ALL RIGHTS RESERVED.